와글와글

내 맘대로 그리고 움직이는

코딩캠프

파워포인트·그림판3D·엔트리

김향미, 엄정녀, 최경미 공저

ENTRY

PAINT 3D

POWERPOINT

GROWTH

MARINE
MARINEBOOKS

이 책의 목차
CONTENTS

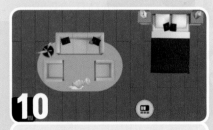

내 맘대로 그리고, 내 맘대로 움직이게 하면서
그림 실력과 코딩 실력이 동시에 쑥쑥!!

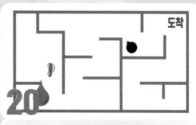

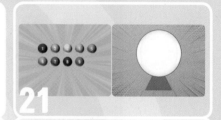
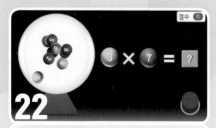

01 참 잘했어요~ 칭찬 도장판 만들기

학교에서 친구를 도와주거나 숙제를 잘 해오면 선생님께서 칭찬 도장을 찍어주시죠? 칭찬 도장판을 꽉 채우면 더 큰 칭찬이나 작은 선물을 주시기도 한답니다. 그림판 3D의 우표 기능을 이용해 예쁜 칭찬 도장판을 만들어보세요.

- 2D 셰이프를 이용하여 도형을 그릴 수 있습니다.
- 우표를 이용하여 도형을 복사할 수 있습니다.
- 스티커를 이용하여 그림을 추가할 수 있습니다.

실습파일 : 꿀벌칭찬도장판.png, 꿀벌1~4.png　　**완성파일** : 꿀벌칭찬도장판(완성).png

이렇게 만들어요

그림판 3D 프로그램에는 도형을 도장처럼 반복해서 찍으면서 색과 크기, 위치 등을 바꿀 수 있는 우표 기능이 있어요. 또 스티커 기능을 이용하면 예쁜 그림들을 원하는 위치에 추가할 수 있습니다.

✅ 사용할 도구

사용할 도구	설명
2D 셰이프(⬚ 2D 셰이프)	원, 사각형, 삼각형 등의 도형을 삽입합니다.
우표(🖲)	선택된 개체를 도장을 찍듯이 복사합니다.
스티커(🟢 스티커)	스티커를 이용하여 그림을 삽입합니다.

그림판 3D 실행하고 육각형 그리기

❶ [시작(⊞)]–[🖌 그림판 3D]를 클릭하여 그림판 3D 앱을 실행한 후 시작 화면에서 [열기]를 클릭하고 [파일 찾아보기] 버튼을 클릭합니다.

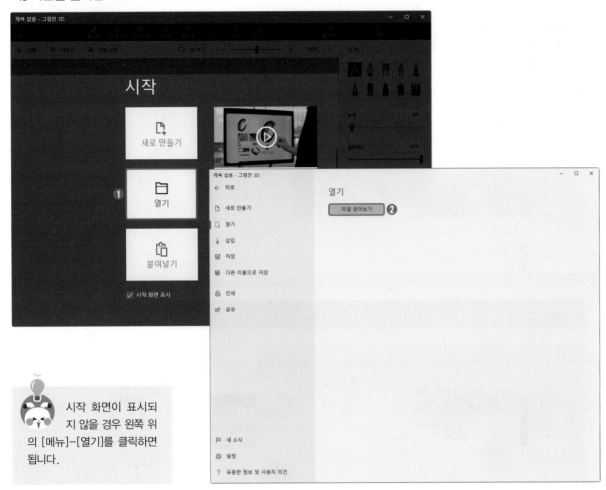

💡 시작 화면이 표시되지 않을 경우 왼쪽 위의 [메뉴]–[열기]를 클릭하면 됩니다.

❷ [실습파일]–[1차시] 폴더에서 '꿀벌칭찬도장판'을 선택하고 [열기] 버튼을 클릭합니다.

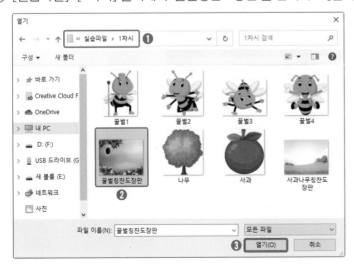

❸ 도구상자에서 [2D 셰이프(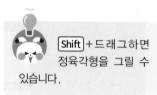)]를 클릭하고 '육각형(⬡)'을 선택한 후 캔버스에 드래그합니다.

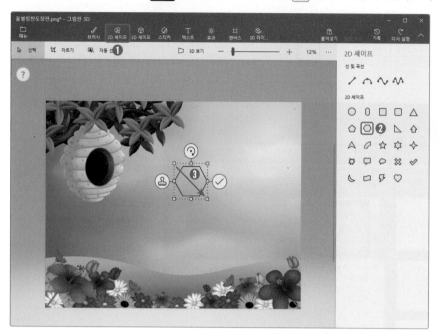

Shift + 드래그하면 정육각형을 그릴 수 있습니다.

❹ 육각형의 면 색을 바꾸기 위해 [채우기]의 '색 선택(⬜)'을 클릭한 후 '흰색'을 선택합니다.

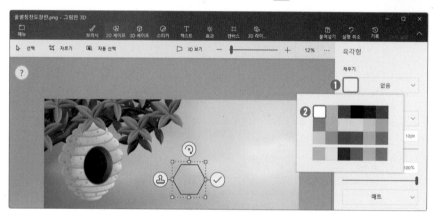

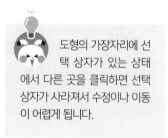

도형의 가장자리에 선택 상자가 있는 상태에서 다른 곳을 클릭하면 선택 상자가 사라져서 수정이나 이동이 어렵게 됩니다.

❺ 선의 종류와 두께를 바꾸기 위해 [선 종류]의 색은 '주황', [두께]는 '40px'로 입력합니다.

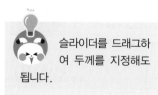

슬라이더를 드래그하여 두께를 지정해도 됩니다.

❻ 육각형을 회전하기 위해 [회전 및 대칭 이동]의 '오른쪽으로 회전 – 90도 회전()'을 클릭한 후 위로 드래그하여 위치를 이동합니다.

2 모양 복사하여 알록달록 벌집 만들기

❶ 도형 위쪽의 🖈 아이콘을 클릭하여 모양이 복사되면 오른쪽으로 드래그하여 이동한 후 선 종류의 '색 선택(▢)'을 클릭하여 선 색을 변경합니다.

❷ 같은 방법으로 도장을 찍은 후 선 색을 변경하고 그림처럼 벌집 모양으로 배치합니다.

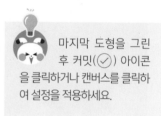

마지막 도형을 그린 후 커밋(✓) 아이콘을 클릭하거나 캔버스를 클릭하여 설정을 적용하세요.

❶ 스티커를 추가하기 위해 도구상자에서 [스티커(🖉 스티커)]를 클릭하고 [스티커 사용자 지정(📁)]–[스티커 추가]를 클릭합니다. [열기] 대화상자가 나타나면 [실습파일] 폴더에서 '꿀벌1'을 선택한 후 [열기] 버튼을 클릭합니다.

❷ 그림이 삽입되면 크기 조절점을 드래그하여 크기를 조절한 후 원하는 위치로 드래그하여 이동하고 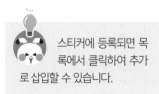 아이콘을 클릭합니다.

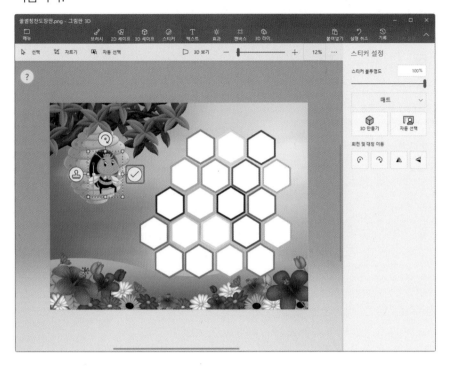

❸ 같은 방법으로 [실습파일] 폴더에서 '꿀벌2'~'꿀벌4'를 나만의 스티커에 등록하고 그림과 같이 꾸며서 완성하세요.

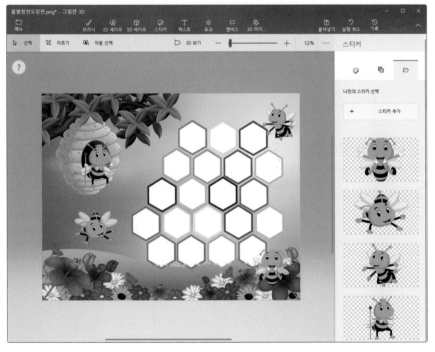

스티커에 등록되면 목록에서 클릭하여 추가로 삽입할 수 있습니다.

❹ 완성된 칭찬 도장판을 이미지 파일로 저장하기 위해 [메뉴]–[다른 이름으로 저장]–[이미지]를 클릭합니다.

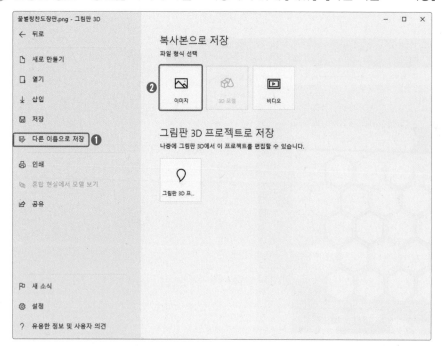

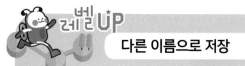

다른 이름으로 저장

• 복사본으로 저장 : 이미지(png, jpg 등), 3D 모델, 비디오 형식의 복사본으로 저장할 수 있습니다.
• 그림판 3D 프로젝트로 저장 : 작업 내역이 모두 포함된 상태로 저장되어 나중에 그림판 3D에서 프로젝트를 편집할 수 있습니다.

❺ [다른 이름으로 저장] 대화상자가 나타나면 '꿀벌칭찬도장판(완성)'을 입력한 후 [저장] 버튼을 클릭합니다.

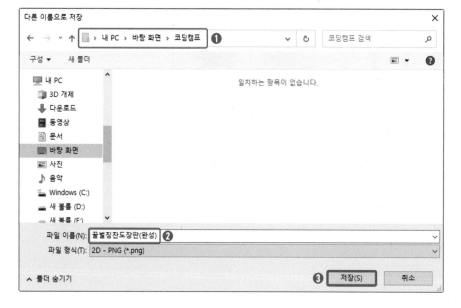

01 '사과나무칭찬도장판' 파일을 열고 나만의 스티커를 추가하여 사과나무를 완성해 보세요.

실습파일 : 사과나무칭찬도장판.png, 나무.png, 사과.png   **완성파일** : 사과나무칭찬도장판(완성).png

조건
• 스티커 추가 : 나무, 사과

02 텍스트()를 이용해 사과에 숫자를 삽입해 보세요.

조건
• 글꼴 : Segoe UI, 크기 : 130,
색 : 흰색
• 글자 속성 : 텍스트 굵게 표시,
텍스트 가운데 맞춤

칭찬 도장 찍기

02

희야는 칭찬 도장을 받기 위해 친구들도 많이 도와주고 착한 일을 많이 했대요~ 그럼 벌집 도장판에 꿀 모양 도장을 쾅쾅 찍어줘야겠죠? 여러분이 칭찬판에 도장을 찍을 수 있게 만들어 주세요.

학습목표

- 도장이 마우스를 따라다니도록 설정할 수 있습니다.
- 마우스를 클릭하면 도장이 찍히도록 설정할 수 있습니다.
- 스페이스 바를 누르면 모든 도장이 지워지도록 설정할 수 있습니다.

실습파일 : 꿀벌칭찬도장판.png, 도장.png   완성파일 : 꿀벌칭찬도장찍기(완성).ent

이렇게 코딩해요

원하는 곳으로 도장 움직이기

마우스를 클릭하여 도장 찍기

☑ 사용할 주요 블록

꾸러미 이름	명령 블록	블록 설명
시작	시작하기 버튼을 클릭했을 때	시작하기 버튼을 클릭하면 아래 연결된 블록들이 실행됩니다.
	마우스를 클릭했을 때	마우스를 클릭했을 때 아래 연결된 블록들이 실행됩니다.
	q▼ 키를 눌렀을 때	선택한 키를 누르면 아래 연결된 블록들이 실행됩니다.
흐름	계속 반복하기	감싸고 있는 블록들을 계속해서 반복 실행합니다.
움직임	마우스포인터▼ 위치로 이동하기	마우스 포인터가 위치한 곳으로 오브젝트를 이동합니다.
붓	도장찍기	오브젝트의 모양을 도장처럼 장면 위에 찍습니다.
	모든 붓 지우기	오브젝트가 그린 선과 도장을 모두 지웁니다.
생김새	색깔▼ 효과를 10 만큼 주기	오브젝트에 선택한 효과를 입력한 값만큼 적용합니다.
	효과 모두 지우기	오브젝트에 적용된 효과를 모두 지웁니다.

1 오브젝트 삭제하고 추가하기

❶ 엔트리 아이콘(▶)을 더블 클릭하여 엔트리 프로그램을 실행하고 오브젝트 목록에서 '엔트리봇' 오브젝트의 ☒를 클릭해 삭제합니다. 새 오브젝트를 추가하기 위해 '오브젝트 추가(+)'를 클릭합니다.

오브젝트란?
명령어를 통해 움직일 수 있는 것들을 의미하며 캐릭터, 사물, 글상자, 배경 등을 모두 오브젝트로 사용할 수 있습니다.

❷ [오브젝트 추가하기] 창의 [파일 올리기] 탭에서 '파일 올리기'를 클릭합니다. [열기] 대화상자에서 [실습파일]-[2 차시] 폴더의 '꿀벌칭찬도장판.png', '도장.png' 파일을 Ctrl 을 이용하여 파일을 선택하고 [열기] 버튼을 클릭한 후 [추가하기]를 클릭합니다.

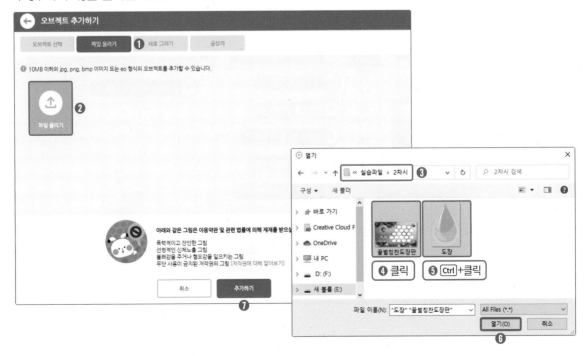

❸ 오브젝트가 추가되면 실행 화면에서 '꿀벌칭찬도장판' 오브젝트를 선택하고 크기 조절점을 드래그하여 화면에 꽉 차도록 변경한 후 를 클릭하여 🔒 모양으로 변경합니다. '도장' 오브젝트의 크기와 위치도 조절합니다.

🔒 모양으로 바뀌면 잠금 상태가 되어 수정이 불가능해지므로 도장판 배경을 보호할 수 있습니다.

② 마우스 포인터를 따라다니는 꿀 도장 만들기

❶ '도장' 오브젝트를 클릭한 후 [시작]의 ▶시작하기 버튼을 클릭했을 때 를 [블록 조립소]로 드래그하여 추가합니다.

❷ 마우스 포인터를 계속 따라다니도록 하기 위해 [호름]의 [계속 반복하기]를 드래그하여 아래에 연결합니다.

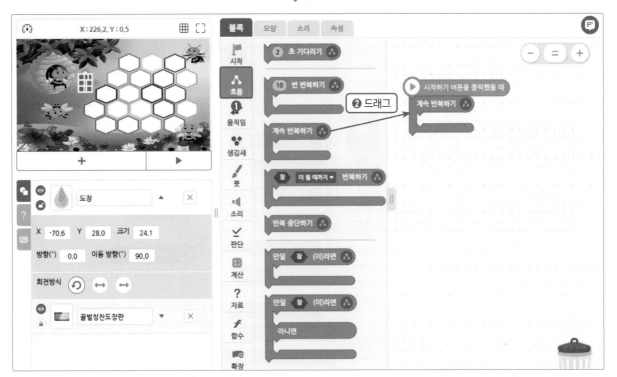

❸ [움직임]의 [도장▼ 위치로 이동하기]를 [계속 반복하기] 블록 안에 연결합니다. '도장' 오브젝트를 클릭하여 목록이 나오면 '마우스 포인터'로 변경합니다.

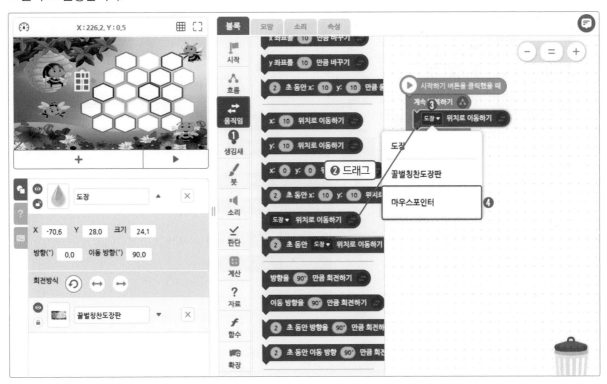

❹ '시작하기(▶)'를 눌러 '도장' 오브젝트가 마우스를 따라 움직이는지 확인해봅니다.

① 마우스를 클릭할 때마다 도장이 찍히도록 만들기 위해 [시작]의 [마우스를 클릭했을 때]를 [블록 조립소]로 드래그하여 추가 합니다.

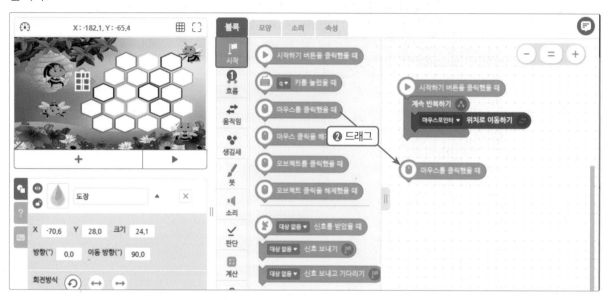

② [붓]의 [도장찍기]를 아래에 연결합니다.

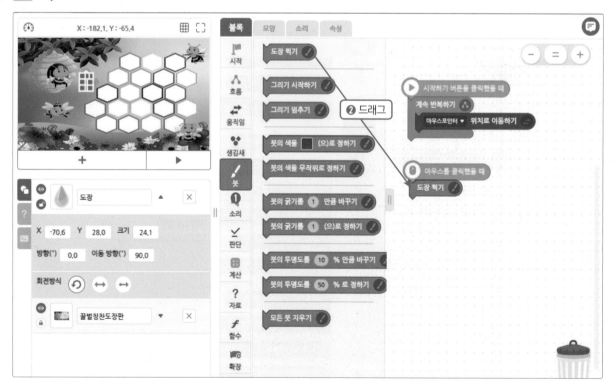

③ '시작하기(▶)'를 클릭하고 장면이 실행되면 도장 칸을 클릭하여 꿀 모양의 도장이 찍히는지 확인해 보세요.

01 스페이스 키를 누르면 모든 도장이 지워지도록 코드를 완성해 보세요.

실습파일 : 꿀벌칭찬도장찍기(완성).ent   완성파일 : 꿀벌칭찬도장찍기-1(완성).ent

 힌트

의 스페이스 ▼ 키를 눌렀을 때 와 🖌의 모든 붓 지우기 를 추가하세요.

02 01번에 이어서 마우스를 클릭하면 도장의 색깔이 바뀌고, 스페이스 키를 누르면 모든 효과가 지워지도록 블록을 추가해 보세요.

완성파일 : 꿀벌칭찬도장찍기-2(완성).ent

 힌트

💗생김새의 색깔 ▼ 효과를 10 만큼 주기 를 도장찍기 아래에 연결하고, 효과 모두 지우기 를 모든 붓 지우기 아래에 연결합니다.

03 내 친구 펭수 만들기

동물원에서 펭귄을 보고 온 건이는 펭귄을 닮은 캐릭터 펭수를 그리고 싶었어요. 파워포인트의
도형 기능을 이용해 캐릭터를 쉽게 그릴 수 있는 방법을 여러분이 알려주세요.

학습목표
- Ctrl을 이용하여 도형을 빠르게 복사할 수 있습니다.
- 도형 채우기 색과 도형 윤곽선 색을 변경할 수 있습니다.

실습파일 : 내친구 펭수.pptx   완성파일 : 내친구 펭수(완성).pptx, 펭수.png

이렇게 만들어요

✅ 사용할 도구

기능	방법	설명
도형 복사	Ctrl+드래그	서식이 설정된 도형을 빠르게 복사합니다.
도형 스타일	[그리기 도구]-[서식] 탭-[도형 스타일] 그룹-[도형 채우기]/[도형 윤곽선]	선택한 도형의 채우기 색과 윤곽선 색을 설정합니다.

1 도형의 채우기 색과 윤곽선 색 바꾸기

❶ [시작(⊞)]-[🅿️]을 클릭하여 파
워포인트 2016 프로그램을 실행한
후 [파일] 탭-[열기]-[찾아보기]를
클릭합니다.

❷ [열기] 대화상자가 나타나면 [실습
파일]-[3차시] 폴더에서 '내친구 펭
수.pptx' 파일을 선택하고 [열기]
버튼을 클릭합니다.

❸ 펭수의 '얼굴'과 '헤드폰' 도형을 몸
위로 드래그합니다.

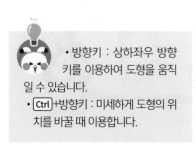

· 방향키 : 상하좌우 방향
키를 이용하여 도형을 움직
일 수 있습니다.
· Ctrl+방향키 : 미세하게 도형의 위
치를 바꿀 때 이용합니다.

④ 배 부분을 표현하기 위해 '타원'을
드래그하여 이동한 후 [홈] 탭-[그
리기] 그룹-[도형 채우기]에서 '흰
색'을 선택하고, [도형 윤곽선]에서
'윤곽선 없음'을 선택합니다.

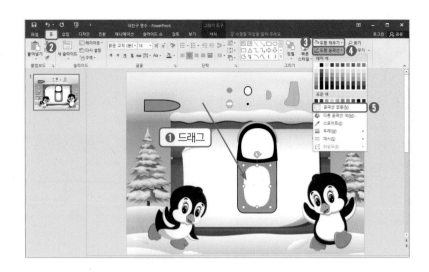

② 도형 복사하고 대칭시키기

❶ 펭수의 '발'을 드래그하여 이동한 후
발을 하나 더 만들기 위해 [Ctrl]+드
래그하여 복사합니다.

❷ 복사된 펭수의 발을 회전하기 위해
[홈] 탭-[그리기] 그룹-[정렬]-[회
전]-[좌우 대칭]을 클릭합니다.

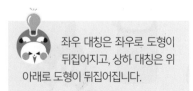

좌우 대칭은 좌우로 도형이
뒤집어지고, 상하 대칭은 위
아래로 도형이 뒤집어집니다.

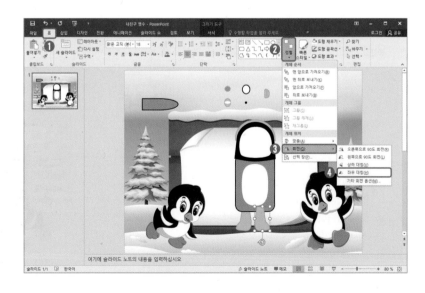

❸ 복사한 펭수의 '발'을 몸통 뒤로 이동하기 위해 [홈] 탭-[그리기] 그룹-[정렬]-[맨 뒤로 보내기]를 클릭합니다.

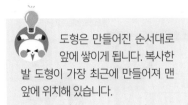

도형은 만들어진 순서대로 앞에 쌓이게 됩니다. 복사한 발 도형이 가장 최근에 만들어져 맨 앞에 위치해 있습니다.

❹ '헤드폰 스피커' 도형을 드래그하여 이동하고, Ctrl+드래그해 복사한 후 이동합니다. [홈] 탭-[그리기] 그룹-[정렬]-[회전]-[좌우 대칭]을 클릭하고 위치를 조절합니다.

❺ 같은 방법으로 '눈', '볼' 도형을 Ctrl+드래그하여 복사한 후 배치하고 '입' 도형도 드래그하여 그림과 같이 배치합니다.

❻ 같은 방법으로 '팔' 도형을 Ctrl+드래그해 복사한 후 그림과 같이 팔 길이를 조절합니다.

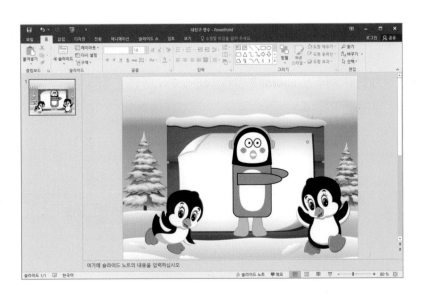

③ 그림 파일로 저장하기

① 완성된 펭수를 그림 파일로 저장하기 위해 사용된 모든 도형이 포함되도록 드래그한 후 [홈] 탭-[그리기] 그룹-[정렬]-[그룹]을 클릭합니다.

② 그룹화된 '펭수' 위에서 마우스 오른쪽 버튼을 클릭하여 [그림으로 저장]을 선택합니다.

③ [그림으로 저장] 대화상자가 나타나면 저장할 폴더를 선택한 후 파일 이름을 '펭수'로 입력하고 [저장] 버튼을 클릭합니다.

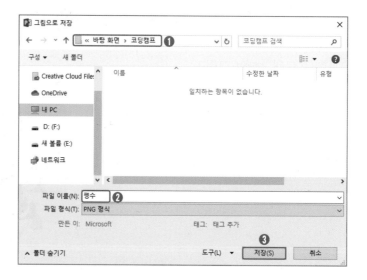

01 '도깨비 신비.pptx' 파일을 열어 주어진 도형을 이용해 1번 슬라이드의 얼굴을 완성해 주세요.

실습파일 : 도깨비 신비.pptx   완성파일 : 도깨비 신비(완성).pptx, 신비.png

• 도형을 모두 선택하여 그룹화해 보세요.
• 완성된 얼굴을 복사(Ctrl+C)하여 '2번 슬라이드'에 붙여 넣기(Ctrl+V)를 하세요.

02 2번 슬라이드에 복사된 얼굴에 주어진 도형을 이용해 신비의 몸을 완성해 보세요.

조건
• 팔과 다리는 복사한 후 회전 조절점을 드래그하여 회전시켜 주세요.
• 리본과 펜던트를 넣어 신비를 꾸며 보세요.
• 도형을 모두 선택하여 그룹화해 보세요.
• 완성된 도형 그룹을 [그림으로 저장] 메뉴를 이용하여 '신비.png' 파일로 저장해 보세요.

펭수와 신비의 줄다리기

따뜻한 봄날에 펭수와 신비가 소풍을 나왔어요. 줄다리기 시합을 해서 누가 이길지 내기를 했죠. 줄다리기 동작을 코딩해서 누가 이길지 응원해 볼까요?

- 키를 눌렀을 때 오브젝트를 실행할 수 있습니다.
- 이동 방향에 따라 오브젝트를 이동시킬 수 있습니다.
- 원하는 시간동안 말풍선이 나타나도록 할 수 있습니다.

실습파일 : 펭수와 신비의 줄다리기.ent   **완성파일** : 펭수와 신비의 줄다리기(완성).ent

이렇게 코딩해요

왼쪽 화살표 키를 누르면 펭수 쪽으로 이동하고 오른쪽 화살표 키를 누르면 신비 쪽으로 이동해 줄다리기 시합을 하는 장면을 만들어요. 왼쪽이나 오른쪽 벽에 각각 펭수나 신비가 닿으면 자신이 이겼다고 말을 하도록 만들어보세요.

| 펭수와 신비의 줄다리기 시합 | 왼쪽 화살표 키를 눌러 왼쪽 벽에 닿으면 펭수의 승리! |

✅ 사용할 주요 블록

블록 꾸러미	명령 블록	설명
시작	q▼ 키를 눌렀을 때	특정 키를 누르면 아래 블록들이 실행됩니다.
움직임	이동 방향으로 10 만큼 움직이기	오브젝트의 이동 방향으로 지정한 값만큼 움직입니다.
흐름	만일 참 이라면	만일 조건이 참이라면 감싸고 있는 블록을 실행합니다.
	계속 반복하기	블록 안에 포함되어 있는 블록들을 계속 반복해서 실행합니다.
판단	마우스포인터▼ 에 닿았는가?	오브젝트가 선택한 항목과 닿은 경우 '참'으로 판단합니다.
생김새	안녕! 을(를) 4 초 동안 말하기▼	입력한 글자를 지정한 초 동안 말합니다.

펭수와 신비를 왼쪽과 오른쪽으로 이동시키기

① 엔트리를 실행하여 [파일]–[오프라인 작품 불러오기]를 클릭한 후 [실습파일]–[4차시]에서 '펭수와 신비의 줄다리기.ent' 파일을 선택하고 [열기] 버튼을 클릭합니다.

② 왼쪽 화살표 키를 누르면 '펭수' 오브젝트가 왼쪽으로 이동하도록 만들기 위해 '펭수' 오브젝트를 클릭한 후 의 를 [블록 조립소]로 드래그하여 추가하고 키를 '왼쪽 화살표'로 변경합니다.

❸ 의 `이동 방향으로 10 만큼 움직이기`를 드래그하여 연결한 후 값을 '-5'로 변경합니다.

값을 '-값'으로 지정하면 왼쪽으로 움직이고, '+값'으로 지정하면 오른쪽으로 움직여요.

❹ 이번엔 오른쪽 화살표 키를 누르면 펭수가 오른쪽으로 움직이도록 만들기 위해 의 `q ▾ 키를 눌렀을 때`를 [블록 조립소]로 드래그하여 추가하고 '오른쪽 화살표'키로 변경합니다. 이어서 의 `이동 방향으로 10 만큼 움직이기`를 드래그하여 연결한 후 값을 '5'로 변경합니다.

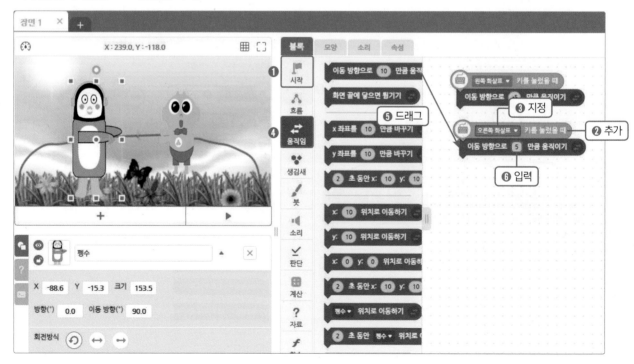

❺ '신비' 오브젝트도 화살표 키를 누르면 해당 방향으로 이동하도록 만들기 위해 [왼쪽 화살표 ▼ 키를 눌렀을 때] 위에서 마우스 오른쪽 버튼을 눌러 [코드 복사] 메뉴를 클릭합니다.

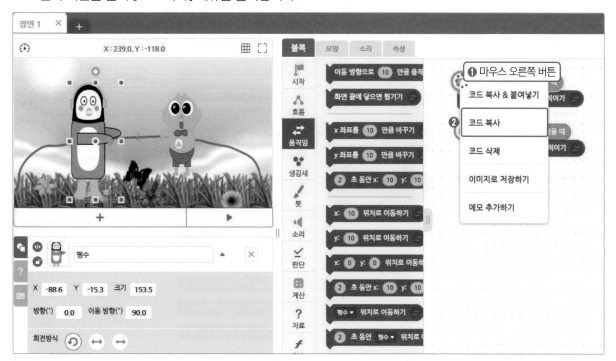

❻ '신비' 오브젝트를 선택한 후 [블록 조립소]의 빈 공간에서 마우스 오른쪽 버튼을 눌러 [붙여넣기]를 클릭합니다.

❼ '밧줄' 오브젝트도 화살표 키를 누르면 해당 방향으로 이동되도록 만들기 위해 '밧줄' 오브젝트를 선택한 후 [블록 조립소]의 빈 공간을 마우스 오른쪽 버튼을 눌러 [붙여넣기]를 클릭합니다.

❽ 같은 방법으로 '펭수' 오브젝트의 '오른쪽 화살표 키를 눌렀을 때' 블록을 [코드 복사]하여 '신비'와 '밧줄' 오브젝트에 각각 [붙여넣기] 합니다.

 줄다리기는 한쪽을 당기면 다른 한쪽이 끌려오도록 하기 위해 '신비'와 '밧줄' 오브젝트도 같은 코드를 작성해야 합니다.

2 줄다리기를 이긴 캐릭터가 이겼다고 말하기

❶ '펭수' 오브젝트가 장면의 왼쪽 벽에 닿으면 말을 하도록 만들기 위해 '펭수' 오브젝트를 선택하고 [시작]의 [▶ 시작하기 버튼을 클릭했을 때]를 드래그하여 추가한 후 [흐름]의 [계속 반복하기]를 드래그하여 아래에 연결합니다.

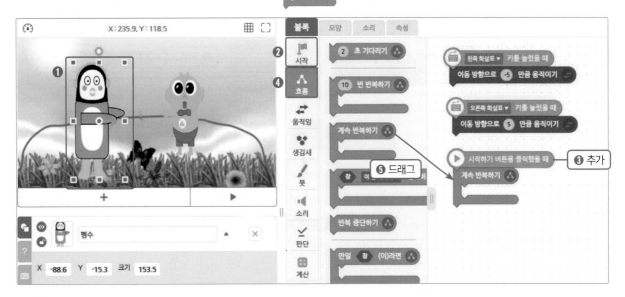

 시작하기 버튼을 클릭하면 [계속 반복하기] 블록 안의 블록들이 계속 실행되도록 합니다.

❷ 왼쪽 벽에 닿을 때만 말을 하도록 만들기 위해 [흐름]의 [만일 참 (이)라면]를 드래그하여 반복 블록 안에 연결합니다.

 [만일 참 (이)라면] 블록은 '이것(조건)이 맞으면'과 같은 말로 "네 말이 맞으면 내가 무엇을 할게"처럼 하나의 조건이 맞을 때 어떤 것을 실행한다는 의미입니다.

❸  의 `마우스포인터 ▼ 에 닿았는가?` 를 `참` 안에 끼워 넣고, 목록 버튼을 눌러 '왼쪽 벽'을 선택합니다.

❹ 조건이 참일 경우 말을 하도록 만들기 위해 🔬의 `안녕! 을(를) 4 초 동안 말하기 ▼` 를 조건 블록 안에 연결한 후 '안녕!'을
지우고 "내가 이겼다!"를 입력하고, '4'를 "2"로 변경합니다.

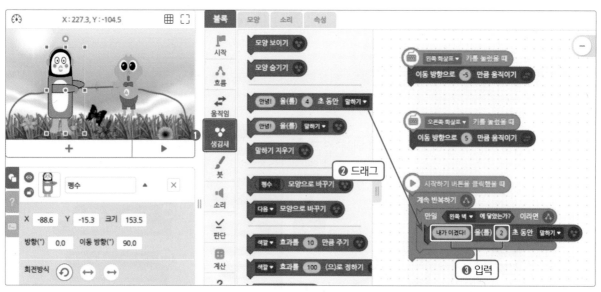

❺ '시작하기 버튼을 클릭했을 때' 블록 위에서 마우스 오른쪽 버튼을 클릭해 [코드 복사]를 선택하고 '신비' 오브젝트
를 선택해 마우스 오른쪽 버튼을 클릭해 [붙여 넣기]를 한 후 조건의 '왼쪽 벽'을 '오른쪽 벽'으로 변경합니다.

> ▶ 시작하기 버튼을 클릭했을 때
>   계속 반복하기 ∧
>   만일 `오른쪽 벽 ▼ 에 닿았는가?` (이)라면 ∧
>   `내가 이겼다!` 을(를) `2` 초 동안 말하기 ▼ 🔬

01 '어느쪽으로 갈까1.ent' 파일을 불러와 '산타'의 움직임을 코딩해 보세요.

실습파일 : 어느쪽으로 갈까1.ent   완성파일 : 어느쪽으로 갈까1(완성).ent

 힌트

- 왼쪽 방향키를 누르면 모양을 바꾸고 왼쪽으로 이동하여 "왼쪽 마을로 갈까?"를 0.5초 동안 말을 합니다.

```
왼쪽 화살표 ▼ 키를 눌렀을 때
왼쪽으로 모양바꾸기
이동 방향으로 -5 만큼 움직이기
왼쪽 마을로 갈까? 을(를) 0.5 초 동안 말하기 ▼
```

- 오른쪽 방향키를 누르면 모양을 바꾸고 오른쪽으로 이동하여 "오른쪽 마을로 갈까?"를 0.5초 동안 말을 합니다.

```
오른쪽 화살표 ▼ 키를 눌렀을 때
오른쪽으로 모양바꾸기
이동 방향으로 5 만큼 움직이기
오른쪽 마을로 갈까? 을(를) 0.5 초 동안 말하기 ▼
```

02 '어느쪽으로 갈까2.ent' 파일을 불러와 '산타'의 움직임을 코딩해 보세요.

실습파일 : 어느쪽으로 갈까2.ent   완성파일 : 어느쪽으로 갈까2(완성).ent

힌트

- 왼쪽 방향키를 누르면 크기가 1만큼 줄어듭니다.

```
왼쪽 화살표 ▼ 키를 눌렀을 때
왼쪽으로 모양바꾸기
이동 방향으로 -5 만큼 움직이기
왼쪽 마을로 갈까? 을(를) 0.5 초 동안 말하기 ▼
크기를 -1 만큼 바꾸기
```

- 오른쪽 방향키를 누르면 크기가 1만큼 커집니다.

```
오른쪽 화살표 ▼ 키를 눌렀을 때
오른쪽으로 모양바꾸기
이동 방향으로 5 만큼 움직이기
오른쪽 마을로 갈까? 을(를) 0.5 초 동안 말하기 ▼
크기를 1 만큼 바꾸기
```

05 하늘에 둥실~ 열기구 만들기

민솔이는 바람 따라 둥실둥실 하늘을 나는 열기구를 그림으로 표현하고 싶습니다. 어떻게 하면 열기구의 풍선 모양을 잘 그릴 수 있을까요? 여러분이 그림판을 이용해 형형색색의 열기구를 그리는 방법을 알려주세요.

학습목표

- 투명한 캔버스를 설정할 수 있습니다.
- 브러시 도구를 이용할 수 있습니다.
- 스티커를 이용하여 그림을 꾸밀 수 있습니다.

실습파일 : 열기구만들기.png, 어린이.png   완성파일 : 열기구(완성).png

이렇게 만들어요

열기구를 저장해 다른 배경에 넣으려면 투명한 배경이 되어야 합니다. 투명 캔버스를 만들고 우표와 스티커 기능을 이용해 둥둥 떠다니는 열기구를 만들어 보세요.

✅ 사용할 도구

사용할 도구	설명
2D 셰이프(🔲 2D 셰이프)	원을 이용하여 도형을 그립니다.
우표(🔖)	선택된 개체를 도장을 찍듯이 복사합니다.
스티커(📷 스티커)	스티커를 이용하여 그림을 삽입합니다.
브러시의 스프레이 캔(🖌️)	스프레이 캔을 이용하여 색칠할 수 있습니다.

❶ 그림판 3D 앱을 실행한 후 [열기]를 클릭하고 [파일 찾아보기] 버튼을 클릭합니다. [실습파일]-[5차시] 폴더에서 '열기구만들기.png'를 선택하고 [열기] 버튼을 클릭합니다.

레벨UP

투명 캔버스 설정하기

도구상자의 [캔버스]를 선택하고 캔버스 옵션에서 [투명한 캔버스]를 '켬'으로 설정하면 배경이 투명해집니다.

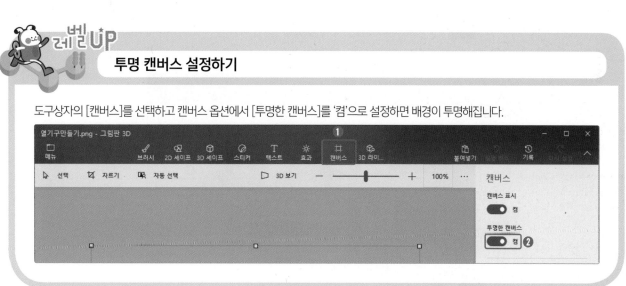

❷ 도구상자의 [스티커(🏷️스티커)]를 클릭하고 [스티커 사용자 지정(📁)]-[스티커 추가]를 클릭합니다. [열기] 대화상자가 나타나면 [실습파일]-[5차시] 폴더에서 '어린이.png'를 선택하고 [열기] 버튼을 클릭합니다. 그림이 삽입되면 마우스로 드래그하여 그림처럼 배치합니다.

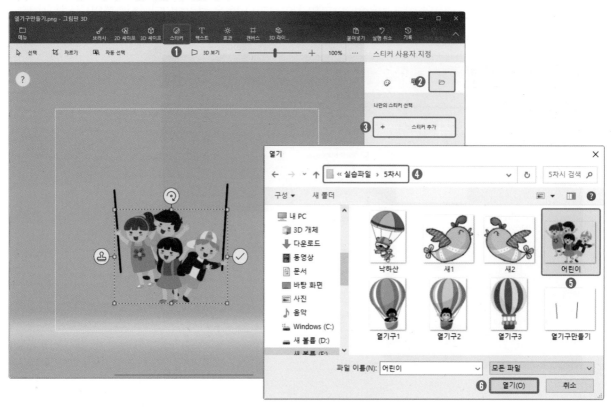

❸ 도구상자의 [2D 셰이프(🔶2D 셰이프)]를 클릭하고 '둥근 사각형(▢)'을 선택한 후 어린이 아래쪽에서 드래그하여 도형을 추가하고 채우기 색은 '갈색', 선 종류는 '없음'으로 설정합니다.

④ 도형 왼쪽의 🖳을 클릭하여 도형을 복사하고 크기와 위치를 조절하여 바구니의 윗부분에 겹쳐 연결합니다.

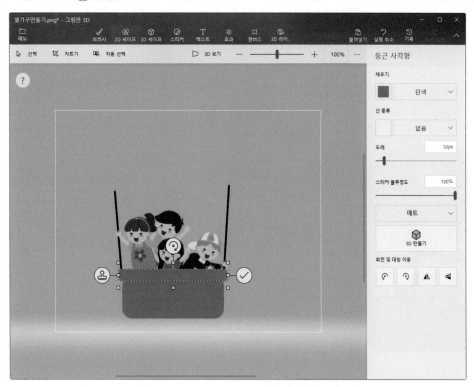

⑤ 도구상자의 [2D 셰이프(🔲)]를 클릭하고 '원(🔘)'을 선택한 후 드래그하여 풍선을 그리고 채우기 색은 '빨강', 선 종류는 '없음'으로 설정합니다.

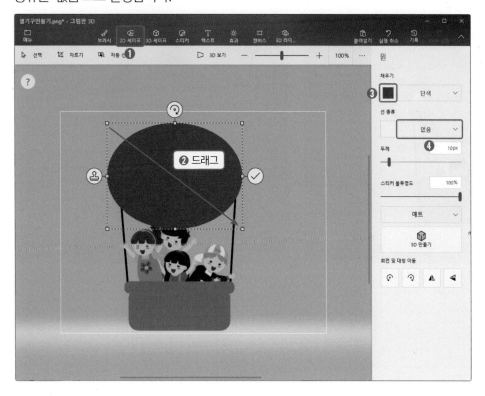

❻ 도형 왼쪽의 ⬚를 클릭하여 도형을 복사하고 크기를 조절한 후 풍선이 겹치도록 이동한 다음 채우기 색은 '초록'으로 변경합니다.

❼ 같은 방법으로 타원을 복사하고 크기를 변경한 후 '노랑'과 '파랑' 풍선으로 색을 변경하여 열기구를 완성합니다.

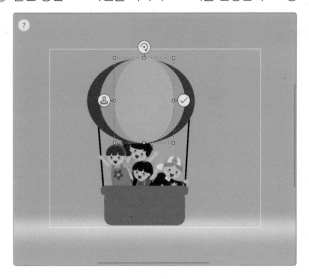
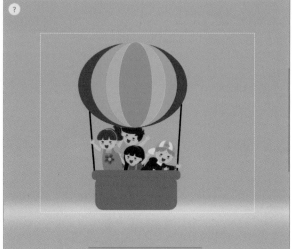

2 열기구 예쁘게 꾸미기

① 도구상자에서 [스티커(스티커)]를 클릭하고 를 클릭하여 그림과 같이 나만의 열기구를 꾸며봅니다.

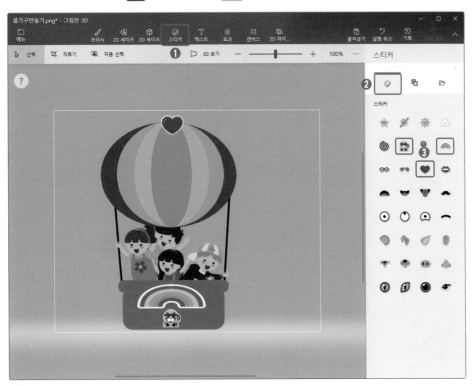

② [메뉴]-[다른 이름으로 저장]-[이미지]를 클릭한 후 [다른 이름으로 저장] 대화상자에서 '열기구(완성)'으로 저장합니다.

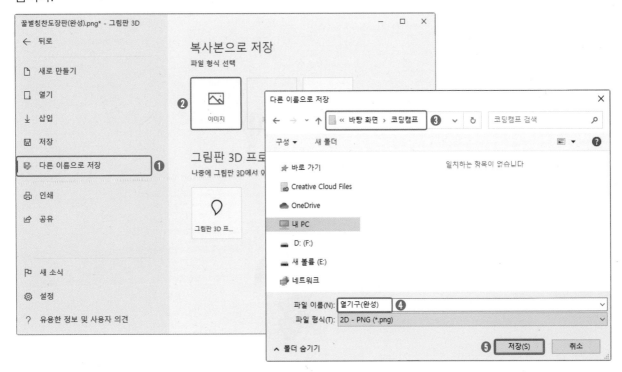

01 도구상자의 [브러시(브러시)]를 이용하여 맑은 하늘을 그려보세요.

조건

- 마커 : 스프레이 캔()
  - 두께 : 300px
  - 불투명도 : 40%
  - 색 : 바다색

02 01번에 이어서 나만의 스티커를 추가하여 아름다운 열기구가 떠다니는 하늘을 꾸며 보세요.

실습파일 : 낙하산.png, 열기구1~3.png, 새1~2.png   **완성파일** : 하늘(완성).png

열기구 타고 여행하기

06

민솔이는 열기구를 타고 바람 따라 하늘을 날며 새로운 세상을 여행하려고 합니다. 여러분이 안전하게 여러 곳을 여행할 수 있도록 만들어 주세요.

학습목표

• 새로운 장면을 추가할 수 있습니다.
• 조건에 따라 장면이 시작되도록 만들 수 있습니다.
• y 좌표에 따라 움직이도록 할 수 있습니다.

실습파일 : 열기구여행.ent   **완성파일** : 열기구여행(완성).ent

이렇게 코딩해요

열기구가 위아래로 움직이면서 오른쪽으로 이동하도록 만들고 새로운 장면을 만들어 열기구가 오른쪽 벽에 닿으면 다음 장면이 보이도록 만들어 보세요.

바람에 흔들리며 이동하기

장면이 바뀌며 위치 이동하기

✅ 사용할 주요 블록

블록 꾸러미	명령 블록	설명
시작	장면이 시작되었을때	장면이 시작되면 아래에 연결된 블록들을 실행합니다.
	장면 1 ▼ 시작하기	선택한 장면을 시작합니다.
움직임	y 좌표를 10 만큼 바꾸기	입력한 값만큼 y 좌표를 바꿉니다. y 좌표는 위/아래로 움직입니다.
	2 초 동안 x: 10 y: 10 만큼 움직이기	입력한 초 동안 입력한 값만큼 x, y 좌표로 움직입니다.
생김새	안녕! 을(를) 말하기 ▼	입력한 텍스트를 말합니다.

1 열기구 둥실둥실 움직이게 하기

❶ 엔트리를 실행하여 [파일]-[오프라인 작품 불러오기]를 클릭한 후 [열기] 대화상자의 [실습파일]-[6차시] 폴더에서 '열기구여행하기.ent'를 선택하고 [열기] 버튼을 클릭합니다.

❷ [장면1]에서 둥실둥실 움직이는 열기구를 표현하기 위해 시작 의 ▶ 시작하기 버튼을 클릭했을 때 를 [블록 조립소]로 드래그하여 추가한 후 흐름 의 계속 반복하기 를 아래에 연결합니다.

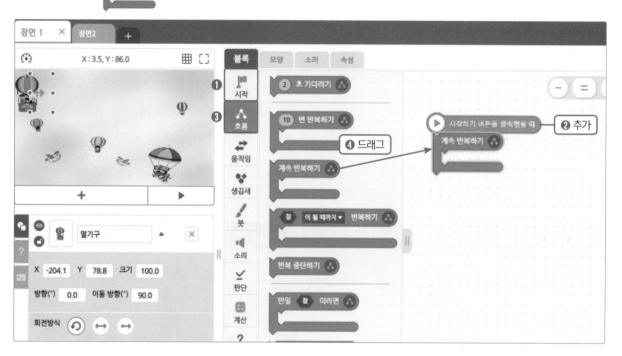

❸ 움직임 의 y 좌표를 10 만큼 바꾸기 를 2번 드래그하여 연결한 후 입력 값을 각각 '-20'과 '20'으로 변경합니다.

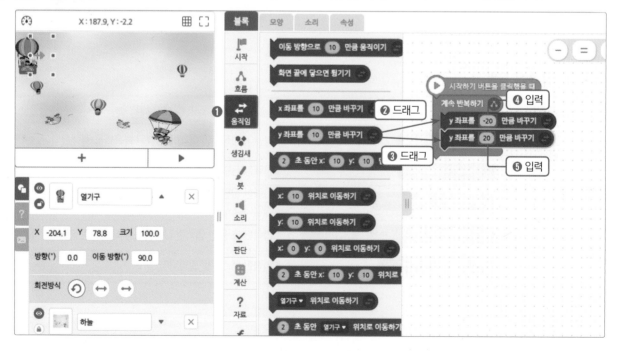

④ 의 ⟨2 초 기다리기⟩를 ⟨y 좌표를 10 만큼 바꾸기⟩ 블록 아래에 각각 연결한 후 초를 '0.5'초로 모두 변경합니다.

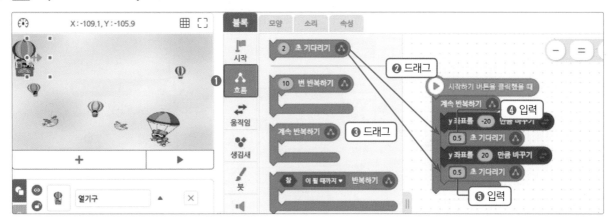

 가 필요한 이유

컴퓨터는 매우 빠른 속도로 명령을 처리하기 때문에 움직임 등의 명령 블록 사이에 기다리기 명령 블록을 넣지 않으면 움직임을 눈으로 확인하기가 어렵습니다. 그러므로 우리가 눈으로 확인하려면 기다리기 명령 블록을 추가해야 합니다.

2 열기구 오른쪽으로 이동시키기

① ⟨시작⟩의 ⟨시작하기 버튼을 클릭했을 때⟩를 [블록 조립소]로 드래그한 후 ⟨흐름⟩의 ⟨계속 반복하기⟩를 연결합니다.

② ⟨움직임⟩의 ⟨이동 방향으로 10 만큼 움직이기⟩를 반복 블록 안에 끼워 넣고 값을 '2'로 변경한 후 ⟨생김새⟩의 ⟨안녕! 을(를) 말하기⟩를 연결하고 "드디어 하늘을 날고 있어~"를 입력합니다.

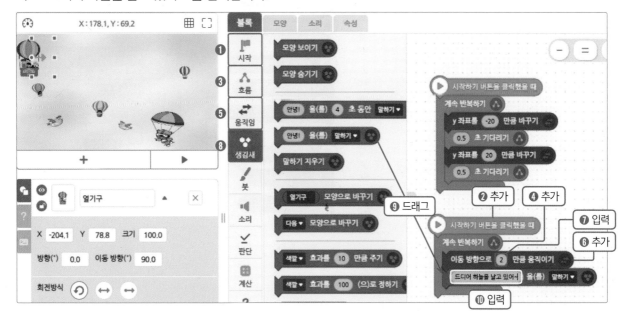

❸ '열기구' 오브젝트가 오른쪽 벽에 닿으면 [장면2]가 시작하도록 만들기 위해 [흐름]의 ⎨만일 참 이라면⎬을 아래에 연결한 후 [판단]의 ◀ 마우스포인터 ▼ 에 닿았는가? ▶를 참 에 끼워 넣고 목록에서 '오른쪽 벽'을 선택합니다.

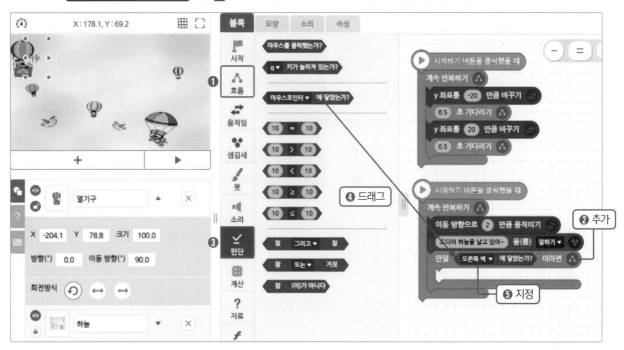

❹ 이어서 [시작]의 ⎨ 장면 1 ▼ 시작하기 ⎬를 조건 블록 안에 연결하고 '장면2'로 변경합니다.

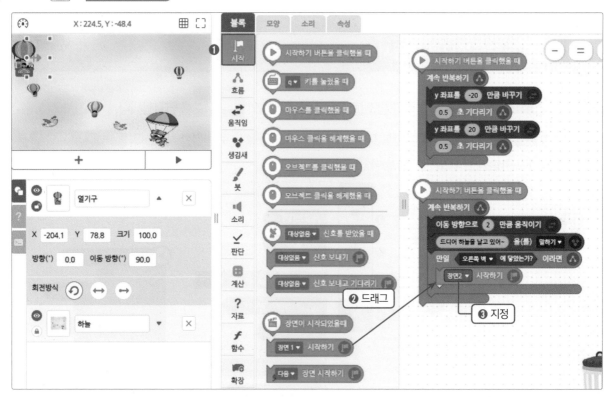

3 다른 장면 시작하기

❶ 장면2가 시작되면 오른쪽으로 이동하여 말을 하도록 만들기 위해 [장면2] 탭을 클릭하여 '열기구1' 오브젝트를 선택하고 🏳시작의 ⬛️장면이 시작되었을때 를 [블록 조립소]로 드래그하여 추가합니다.

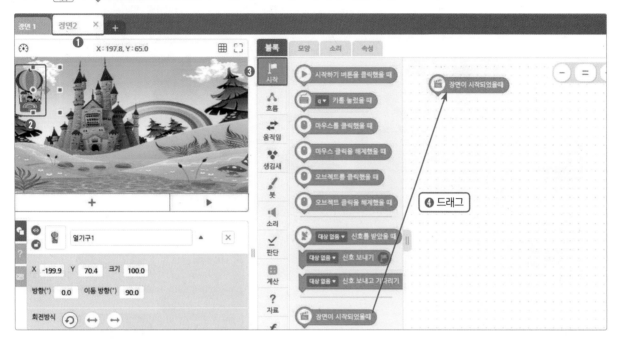

❷ 🔄움직임의 ⬛️2 초 동안 x: 10 y: 10 위치로 이동하기 를 연결하고 x는 '130', y는 '-60'으로 변경한 후 ✨생김새의 ⬛️안녕! 을(를) 4 초 동안 말하기▼ 를 연결하고 "동화나라 도착"을 입력합니다.

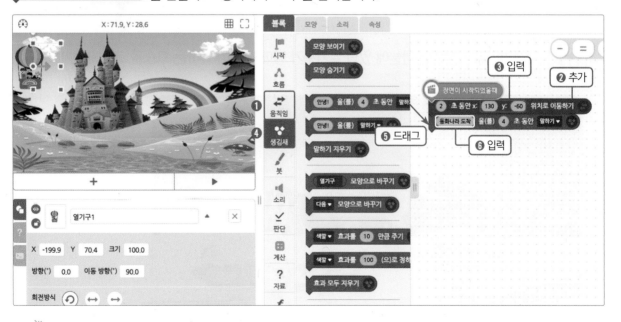

 장면을 추가하려면 ➕를 클릭하고 장면을 삭제하려면 ✖️를 클릭합니다. 또 장면 탭을 클릭하여 이름을 변경할 수도 있습니다.

01 '열기구여행(산타마을).ent' 파일을 불러와 [장면1]에서 열기구가 떠올라 다시 출발하고 오른쪽 벽에 닿으면 [장면2]가 시작되도록 코딩해 보세요.

실습파일 : 열기구여행(산타마을).ent   완성파일 : 열기구여행(산타마을완성).ent

다시 출발해 볼까?

힌트

▶ 시작하기 버튼을 클릭했을 때
다시 출발해 볼까? 을(를) 말하기 ▼
2 초 동안 x: -150 y: 40 위치로 이동하기
계속 반복하기
　이동 방향으로 2 만큼 움직이기
　만일 오른쪽 벽 ▼ 에 닿았는가? (이)라면
　　장면 2 ▼ 시작하기 🏳

02 [장면2]가 시작되면 하늘에 있던 열기구가 땅에 착륙해 말하는 모습을 코딩해 보세요.

산타마을 도착

힌트

📋 장면이 시작되었을때
2 초 동안 x: -90 y: -60 위치로 이동하기
산타마을 도착 을(를) 4 초 동안 말하기 ▼

07 나를 닮은 캐릭터 만들기

미술 시간에 크레파스로 자기 얼굴을 그리다 지친 두리는 그림을 너무 못 그려서 좌절을 하고 말았습니다. 크레파스 대신 자신 있는 파워포인트의 도형을 이용해 더 멋진 초상화를 그려보려고 해요. 여러분도 파워포인트로 자신의 얼굴을 캐릭터로 만들어 보세요.

학습목표
- 다양한 도형을 이용하여 나를 닮은 캐릭터를 그릴 수 있습니다.
- 도형을 회전시키고 대칭하여 모양을 변경할 수 있습니다.
- 도형의 면 색과 선 종류를 조절하여 입체적으로 만들 수 있습니다.

실습파일 : 내얼굴 만들기.pptx   완성파일 : 내얼굴 만들기(완성).pptx

이렇게 만들어요

도형과 서식을 복사하여 2개가 한 쌍인 부분을 쉽게 만들 수 있어요. 도형의 스타일을 이용해 입체적인 느낌을 만들어서 예쁜 캐릭터를 그려보세요.

✅ 사용할 도구

기능	방법	설명
도형 복사	Ctrl +드래그	서식이 설정된 도형을 빠르게 복사합니다.
서식 복사	[홈] 탭-[클립보드] 그룹-[서식 복사(✨)]	한 위치에 적용된 서식을 다른 위치에 적용합니다.
도형 스타일	그리기 도구 [서식] 탭-[도형 스타일] 그룹 – [도형 채우기] / [도형 윤곽선]	도형 채우기, 도형 윤곽선을 설정합니다.

❶ 앞머리를 만들기 위해 [홈] 탭-[그리기] 그룹-[도형]-[순서도]-[순서도: 지연]을 선택한 후 마우스로 드래그하여 그립니다.

❷ [홈] 탭-[그리기] 그룹-[정렬]-[회전]-[왼쪽으로 90도 회전]을 선택합니다.

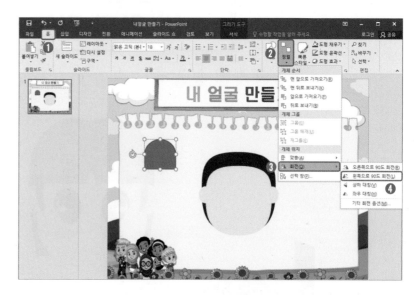

❸ 머리 서식을 복사하기 위해 머리 모양의 도형을 선택하여 [홈] 탭-[클립보드] 그룹-[서식 복사]를 클릭한 후 앞머리 모양의 도형을 클릭하여 서식을 적용합니다.

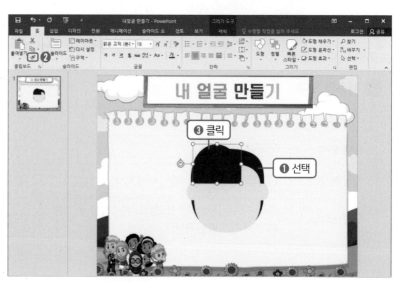

④ 앞머리 모양의 도형을 Ctrl+드래그
하여 하나 더 복사한 후 다음과 같
이 배치합니다.

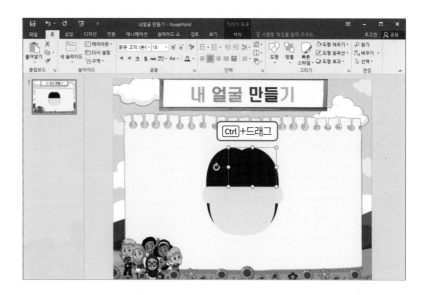

⑤ [홈] 탭-[그리기] 그룹-[도형]-[기
본 도형]-[직각 삼각형]을 선택하여
뒷머리를 그리고 도형을 회전하여
자연스럽게 배치합니다.

⑥ 머리를 선택하고 [홈] 탭-[클립보
드] 그룹-[서식 복사]를 클릭한 후
옆머리 모양의 도형을 선택해 서식
을 복사합니다.

❼ Ctrl+드래그하여 옆머리 모양의 도형을 복사하고 [홈] 탭-[그리기] 그룹-[정렬]-[회전]-[좌우 대칭]을 선택합니다. 옆머리 도형을 2개 모두 선택하고 [정렬]-[맨 뒤로 보내기]를 선택합니다.

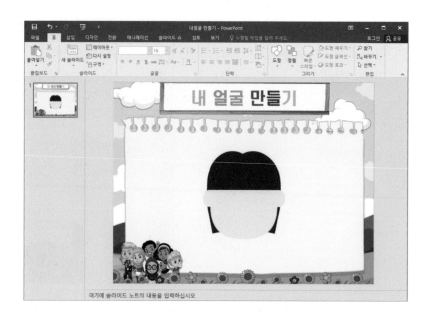

❽ ❺~❼번과 같은 방법으로 [홈] 탭-[그리기] 그룹-[도형]-[달]을 선택하여 귀 옆의 머리를 만들어줍니다.

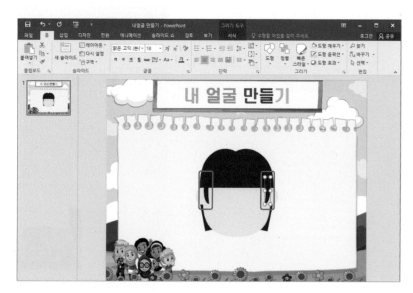

❾ [홈] 탭-[그리기] 그룹-[도형]-[이등변 삼각형]을 선택해 앞머리 부분을 그림처럼 추가하고 [홈] 탭-[클립보드] 그룹-[서식 복사]를 이용해 얼굴 도형과 같은 서식을 적용합니다.

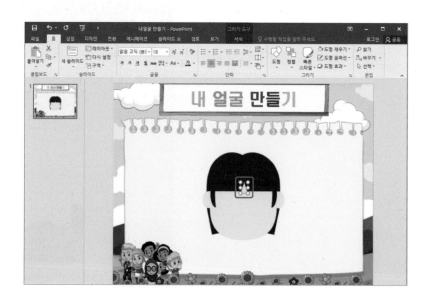

② 눈, 코, 입 그리기

① 예쁜 눈을 그리기 위해 [홈] 탭-[그리기] 그룹-[도형]-[기본 도형]-[타원]을 클릭하고 드래그하여 검은색 원 → 흰색 원 → 파란색 원 → 검은색 원 → 흰색 원을 차례대로 그립니다.

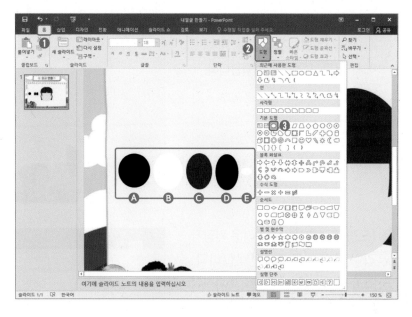

② 5개의 원을 하나씩 드래그하여 그림과 같이 배치하고 마우스로 드래그하여 도형을 모두 선택한 후 Ctrl+G를 눌러 그룹으로 지정합니다.

선택된 도형 위에서 마우스 오른쪽 버튼을 클릭하고 바로 가기 메뉴에서 [그룹화]-[그룹] 메뉴를 클릭해도 그룹으로 지정할 수 있습니다.

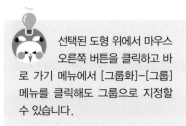

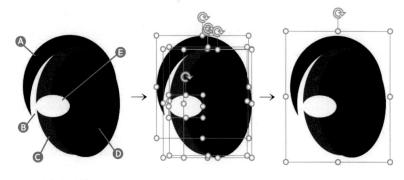

③ Ctrl+드래그하여 눈을 복사하고 [홈] 탭-[그리기] 그룹-[정렬]-[회전]-[좌우 대칭]을 선택한 후 눈 위치에 각각 배치합니다.

❹ 발그스레한 볼을 만들기 위해 [홈] 탭-[그리기] 그룹-[도형]-[기본 도형]-[타원]을 선택하여 볼을 그리고, [도형 채우기]에서 '주황, 강조 6, 40% 더 밝게'를, [도형 윤곽선]에서 '윤곽선 없음'을 선택합니다.

❺ [도형 효과]에서 [부드러운 가장자리]-[5포인트]를 선택합니다. Ctrl+드래그하여 도형을 복사하여 양쪽 볼에 배치합니다.

타원을 조금 크게 그려야 도형 효과를 지정했을 때 도형이 없어지지 않습니다.

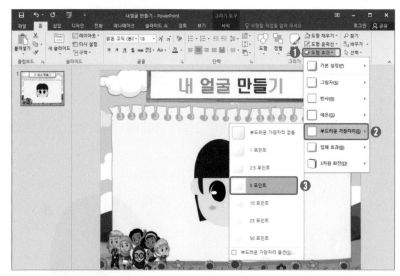

❻ [홈] 탭-[그리기] 그룹-[도형]-[기본 도형]-[원호]를 선택해 입을 그리고 회전 조절점을 드래그하여 도형을 회전시킨 후 [도형 윤곽선]에서 '검정'을 선택합니다.

❼ 마우스로 드래그하여 캐릭터 얼굴을 모두 선택한 후 [그리기 도구]-[서식] 탭-[정렬] 그룹-[그룹(Ctrl+G)]을 선택하여 그룹으로 지정합니다.

01
'두리.pptx' 파일을 불러와 도형을 이용하여 두리의 몸을 완성해 보세요.

실습파일 : 두리.pptx   완성파일 : 두리(완성).pptx, 두리.png

조건

• [모서리가 둥근 직사각형], [순서도: 지연], [타원] 도형을 이용하여 예쁜 옷을 입혀 꾸며 주세요.

• 모두 선택하여 그룹으로 지정한 후 [그림으로 저장] 메뉴를 이용하여 '두리.png'로 저장해 보세요.

힌트

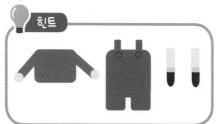

02
'두리.pptx' 파일의 2번 슬라이드에 '고스트볼X'를 만들어 보세요.

조건

• [팔각형], [육각형], [화살표: 오각형] 도형을 이용해 모양을 완성해 주세요.

힌트

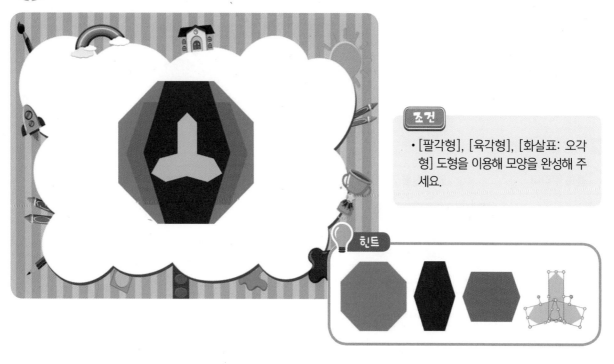

건강에 좋은 음식만 골라 먹기

08

태우는 건강체험관으로 견학을 가서 몸에 좋은 음식과 해로운 음식에 대해 배웠답니다. 친구들이 건강한 식습관을 가질 수 있도록 게임으로 만들고 싶었어요. 여러분이 캐릭터를 움직여 음식을 골라 먹을 수 있는 게임을 만들 수 있게 도와주세요.

학습목표
- 오브젝트의 모양을 숨길 수 있습니다.
- 임의의 숫자를 선정할 수 있습니다.
- 하나의 오브젝트를 복제하여 복제본을 표시할 수 있습니다.

실습파일 : 건강음식 먹기.ent   완성파일 : 건강음식 먹기(완성).ent

이렇게 코딩해요

'두리' 오브젝트는 화살표 키를 누르면 좌우로 움직이고, '음식' 오브젝트는 임의의 모양과 위치에서 아래로 이동해요.
'두리' 오브젝트가 좋은 음식과 닿으면 10점을 더하고 나쁜 음식과 닿으면 5점을 빼요.

✅ 사용할 주요 블록

블록 꾸러미	명령 블록	설명
움직임	x 좌표를 10 만큼 바꾸기	오브젝트가 왼쪽 또는 오른쪽으로 이동합니다.
판단	q ▼ 키가 눌러져 있는가?	키보드의 키가 눌러졌는지 판단합니다.
흐름	자신 ▼ 의 복제본 만들기	오브젝트의 복제본을 만듭니다.
	복제본이 처음 생성되었을때	복제본이 생성되면 아래에 연결된 블록 명령을 실행합니다.

1 두리 오브젝트 좌우로 움직이기

1 엔트리를 실행한 후 [파일]-[오프라인 작품 불러오기]를 클릭하여 [실습파일]-[8차시] 폴더에서 '건강음식 먹기.ent'를 불러옵니다.

2 '두리' 오브젝트를 선택하고 [시작]의 [시작하기 버튼을 클릭했을 때]를 [블록 조립소]로 드래그하여 추가한 후 [흐름]의 [계속 반복하기]와 [만일 참 이라면] 블록 2개를 차례로 연결합니다.

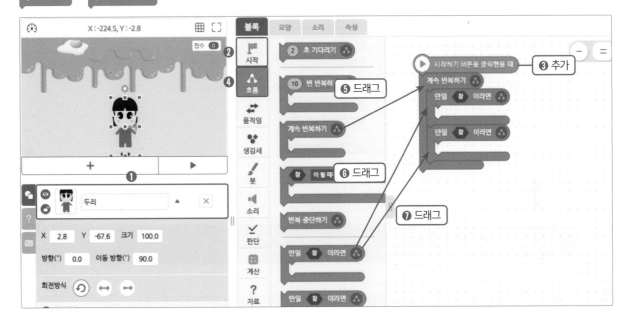

3 왼쪽과 오른쪽 화살표키가 눌러지면 동작하도록 만들기 위해 [판단]의 [q▼ 키가 눌러져 있는가?]를 각각 [참]에 끼워 넣은 후 차례로 '왼쪽 화살표'와 '오른쪽 화살표'로 변경합니다.

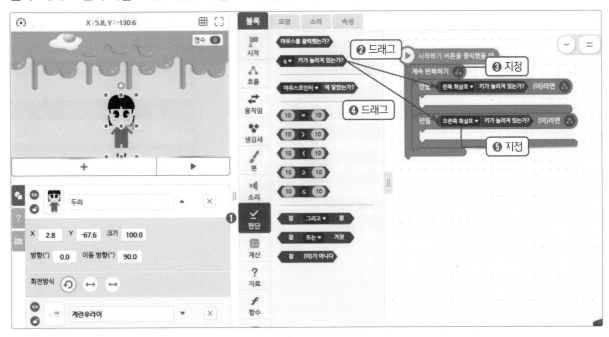

④ 의 `x 좌표를 10 만큼 바꾸기` 를 조건 블록 안에 각각 연결하고 왼쪽 화살표가 눌러져 있을 때는 왼쪽으로 이동하기 위해 '-10'으로, 오른쪽 화살표가 눌러져 있을 때는 오른쪽으로 이동하기 위해 '10'으로 변경합니다.

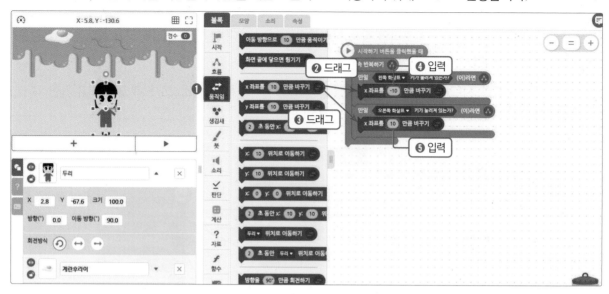

① '두리' 오브젝트가 음식에 닿으면 점수를 계산하기 위해 '계란후라이' 오브젝트를 선택하고 코드 중 반복 블록 안의 `마우스포인터 ▼ 에 닿았는가?` 의 목록을 클릭하여 '두리'로 변경합니다.

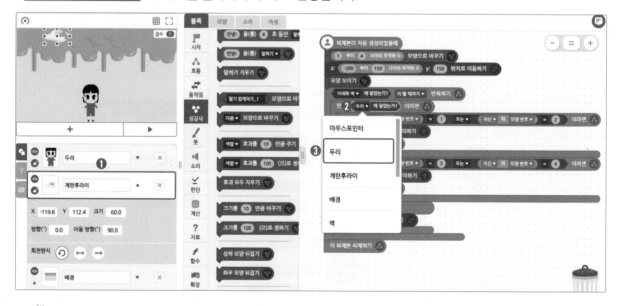

'계란후라이' 오브젝트에는 오브젝트를 복제하고 임의의 모양과 위치에서 아래로 떨어지도록 미리 코딩이 되어 있습니다. 또 '두리' 오브젝트에 1번과 2번 모양(나쁜 음식)이 닿으면 점수에서 −5를 더하고 3번과 4번 모양(좋은 음식)이면 10을 더하도록 코딩되어 있습니다.

[모양] 탭 알아보기

- [모양] 탭에서는 오브젝트의 모양을 변경할 수 있습니다. 예제에서는 계란후라이 모양 외에 3개의 모양이 더 추가되어 있습니다.
- [모양 추가하기] 버튼을 클릭해 오브젝트 모양을 추가할 수 있으며 그리기 도구를 이용해 직접 수정할 수도 있습니다.

2 점수의 처음 값을 지정하기 위해 '배경' 오브젝트를 클릭하고 [시작] 의 ▶ 시작하기 버튼을 클릭했을 때 를 [블록 조립소]로 드래그하여 추가한 후 [?자료] 의 점수▼ 를 10 로 정하기 를 연결하고 값을 '0'으로 변경합니다.

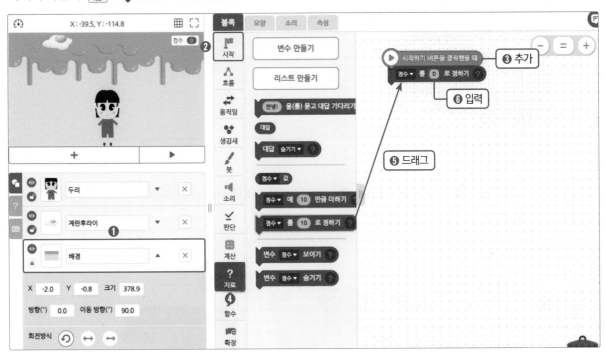

 '점수'는 변수의 이름으로, 변수는 값을 저장하는 공간입니다.

01 '건강음식 먹기-1.ent' 파일을 불러와 점수가 50 이하이면 음식의 크기가 '60'이 되고, 점수가 50보다 크면 크기를 '30'으로 줄이도록 코딩을 완성해 주세요.

실습파일 : 건강음식 먹기-1.ent **완성파일** : 건강음식 먹기-1(완성).ent

힌트

```
시작하기 버튼을 클릭했을 때
모양 숨기기
계속 반복하기
    0.5 부터 2 사이의 무작위 수 초 기다리기
    만일 (   ) > 50 이라면
    
    아니면
    
    자신 ▼ 의 복제본 만들기
```

[?]자료 의 점수 ▼ 값 과 [생김새]의 크기를 100 (으)로 정하기 를 활용하세요.

02 '건강음식 먹기-2.ent' 파일을 불러와 점수가 100점이 되면 게임이 종료되도록 코딩을 완성해 주세요.

실습파일 : 건강음식 먹기-2.ent **완성파일** : 건강음식 먹기-2(완성).ent

힌트

```
시작하기 버튼을 클릭했을 때
점수 ▼ 를 0 로 정하기
계속 반복하기
    만일 (   ) > 99 이라면
    
```

[?]자료 의 점수 ▼ 값 과 [흐름]의 모든 ▼ 코드 멈추기 를 활용하세요.

09 인공 지능 로봇 청소기 만들기

재연이는 집안을 청소하는 로봇 청소기를 보고 파워포인트의 도형으로 로봇 청소기를 만들어보고 싶었어요. 집안 구석구석을 혼자서 척척 알아서 청소하는 인공 지능 로봇 청소기를 여러분이 만들어주세요.

학습목표

• 여러 가지 도형을 삽입할 수 있습니다.
• 도형을 복사할 수 있습니다.
• 실행 버튼을 삽입할 수 있습니다.

실습파일 : 로봇청소기.pptx   완성파일 : 로봇청소기(완성).pptx

이렇게 만들어요

다양한 도형을 추가하고 채우기 색과 테두리 색을 변경하면 쉽게 로봇 청소기 모양을 만들 수 있습니다. 로봇 청소기의 동작을 표시하는 버튼은 실행 버튼을 사용해 만들어 보세요.

✓ 사용할 도구

기능	방법	설명
도형 삽입	[홈] 탭-[그리기] 그룹-[도형]	다양한 도형을 삽입할 수 있습니다.
도형 서식	[홈] 탭-[그리기] 그룹-[도형 채우기] / [도형 윤곽선]	삽입된 도형의 서식을 변경할 수 있습니다.
실행 단추 삽입	[홈] 탭-[그리기] 그룹-[도형]	실행 버튼을 삽입할 수 있습니다.

1 파워포인트 2016을 실행하여 [실습파일]-[9차시] 폴더에서 '로봇청소기.pptx'를 불러옵니다. [홈] 탭-[그리기] 그룹-[도형]-[기본 도형]-[타원]을 선택한 후 드래그하여 그립니다.

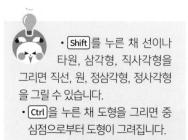

- Shift 를 누른 채 선이나 타원, 삼각형, 직사각형을 그리면 직선, 원, 정삼각형, 정사각형을 그릴 수 있습니다.
- Ctrl 을 누른 채 도형을 그리면 중심점으로부터 도형이 그려집니다.

2 도형의 채우기 색을 변경하기 위해 [홈] 탭-[그리기] 그룹-[도형 채우기]에서 '흰색, 배경 1, 25% 더 어둡게'를 클릭합니다.

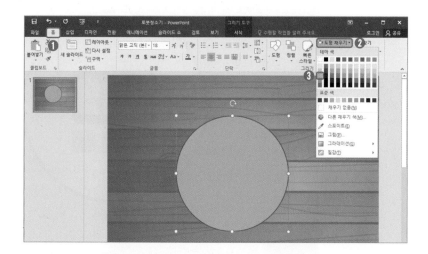

3 도형 윤곽선 색과 두께를 지정하기 위해 [홈] 탭-[그리기] 그룹-[도형 윤곽선]에서 선 색을 '검정, 텍스트 1'로, [두께]를 '4½pt'로 지정합니다.

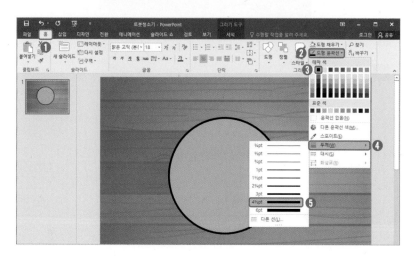

④ 타원 도형을 추가로 삽입하기 위해 [홈] 탭-[그리기] 그룹-[도형]-[기본 도형]-[타원]을 선택하여 그린 후 [도형 채우기]를 '흰색, 배경 1, 15% 더 어둡게'로, [도형 윤곽선]을 '윤곽선 없음'으로 지정합니다.

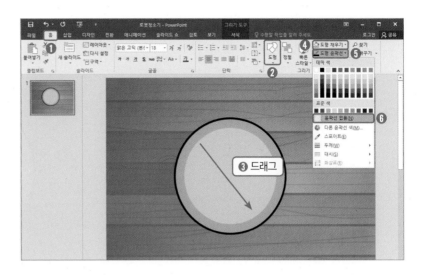

2 도형 복사로 로봇 청소기 디자인하기

① [홈] 탭-[그리기] 그룹-[도형]-[사각형]-[모서리가 둥근 직사각형]을 선택하여 그린 후 [도형 채우기]를 '검정, 텍스트 1'로, [도형 윤곽선]을 '윤곽선 없음'으로 지정합니다.

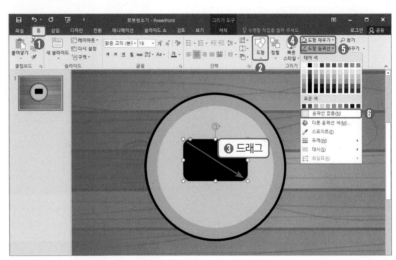

② [홈] 탭-[그리기] 그룹-[도형]-[사각형]-[모서리가 둥근 직사각형]을 선택하여 그린 후 [도형 채우기]를 '연한 녹색', [도형 윤곽선]을 '윤곽선 없음'으로 지정합니다.

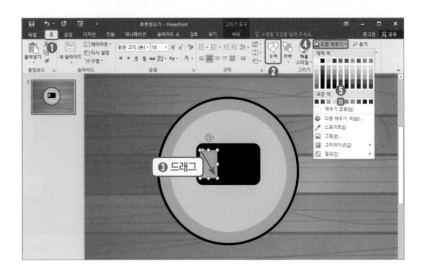

③ 도형을 복사하기 위해 Ctrl+Shift+드래그하여 2개의 도형을 복사합니다.

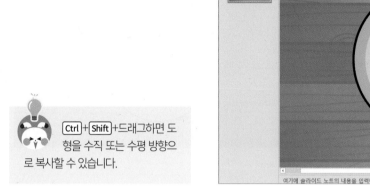

Ctrl+Shift+드래그하면 도형을 수직 또는 수평 방향으로 복사할 수 있습니다.

④ [홈] 탭-[그리기] 그룹-[도형]-[사각형]-[직사각형]을 선택하여 그린 후 [도형 채우기]를 '흰색, 배경 1, 50% 더 어둡게'로, [도형 윤곽선]을 '윤곽선 없음'으로 변경합니다.

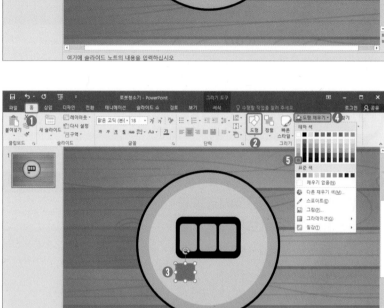

⑤ [홈] 탭-[그리기] 그룹-[도형]-[사각형]-[직사각형]을 선택하여 그린 후 [도형 채우기]를 '검정, 텍스트 1, 35% 더 밝게'로, [도형 윤곽선]을 '윤곽선 없음'으로 변경합니다. 이어서 Ctrl+Shift+드래그하여 도형을 복사합니다.

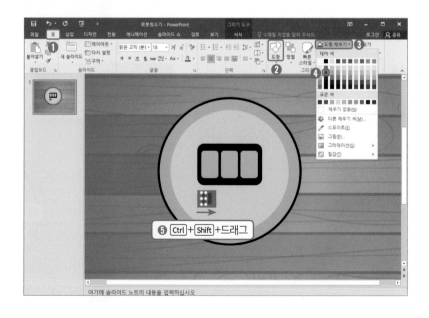

❶ 실행 단추를 삽입하기 위해 [홈] 탭-[그리기] 그룹-[도형]-[실행 단추]-[실행 단추: 앞으로 또는 다음]을 선택하여 드래그합니다.

❷ [실행 설정] 대화상자가 나타나면 [마우스를 클릭할 때] 탭을 클릭하고 하이퍼링크를 해제하기 위해 '없음'을 선택한 후 [확인] 버튼을 클릭합니다.

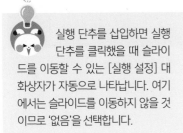

실행 단추를 삽입하면 실행 단추를 클릭했을 때 슬라이드를 이동할 수 있는 [실행 설정] 대화상자가 자동으로 나타납니다. 여기에서는 슬라이드를 이동하지 않을 것이므로 '없음'을 선택합니다.

❸ [홈] 탭-[그리기] 그룹-[도형 채우기]를 '흰색, 배경 1, 50% 더 어둡게'로, [도형 윤곽선]을 '윤곽선 없음'으로 변경합니다.

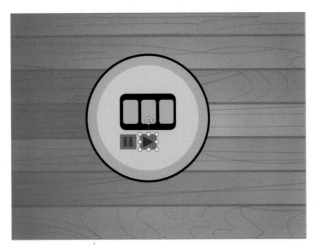

❹ [홈] 탭-[그리기] 그룹-[도형]-[실
행 단추]-[실행 단추: 돌아가기] 도
형(🔙)을 선택하여 도형을 추가합
니다. [실행 설정] 대화상자가 나타
나면 [마우스를 클릭할 때] 탭을 클
릭하고 '없음'을 선택한 후 [확인]
버튼을 클릭합니다.

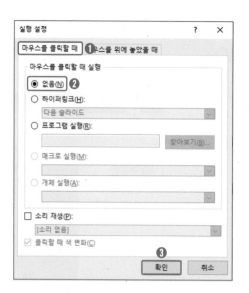

❺ [홈] 탭-[그리기] 그룹-[도형 채우
기]를 '흰색, 배경 1, 50% 더 어둡
게'로, [도형 윤곽선]을 '윤곽선 없
음'으로 변경합니다.

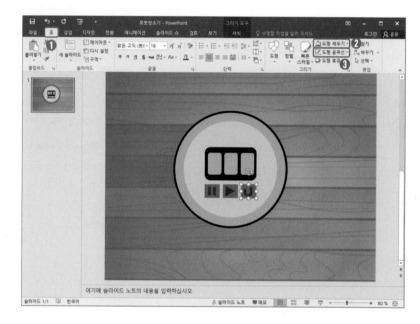

01 '로봇청소기-1.pptx'를 열어 1번 슬라이드를 복제한 후 도형을 삭제하고 채우기 색을 변경해 보세요.

실습파일 : 로봇청소기-1.pptx   완성파일 : 로봇청소기-1(완성).pptx, 로봇청소기1~3.png

2번 슬라이드	3번 슬라이드
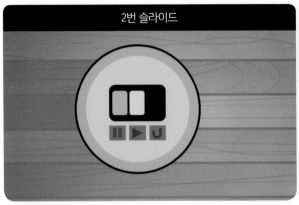	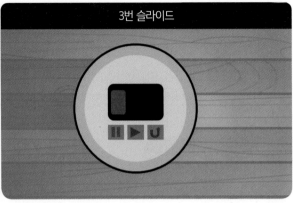

 힌트

슬라이드 목록에서 마우스 오른쪽 버튼을 클릭한 후 [슬라이드 복제] 메뉴를 선택해 슬라이드를 복제합니다.

02 다음의 조건대로 레이아웃을 변경하고 도형을 삽입해 보세요.

실습파일 : 없음   완성파일 : 충전기(완성).pptx

조건

- 슬라이드 레이아웃 : '빈 화면'
- 도형 : '모서리가 둥근 직사각형', '실행 단추: 돌아가기'
- 도형 서식
  ▹ 모서리가 둥근 직사각형
    – 채우기 : '검정, 텍스트 1'
    – 윤곽선 : '윤곽선 없음'
  ▹ 실행 단추: 돌아가기
    – 채우기 : '흰색, 배경 1, 50% 더 어둡게'
    – 윤곽선 : '윤곽선 없음'
    – 회전
- 모든 도형 그룹 지정 후 그림으로 저장

오늘은 대청소하는 날!!

10

서연이는 오늘 로봇 청소기로 청소를 하려고 합니다. 로봇 청소기는 벽이나 가구에 닿으면 회전을 하고 청소를 하다 배터리가 방전되면 충전을 해야 합니다. 서연이가 깨끗하게 방 안을 청소할 수 있도록 만들어주세요.

학습목표

- 오브젝트를 클릭했을 때 실행되도록 할 수 있습니다.
- 조건문에 따라 오브젝트가 움직일 수 있습니다.
- 벽에 닿으면 회전할 수 있습니다.

실습파일 : 대청소.ent   완성파일 : 대청소(완성).ent

이렇게 코딩해요

청소를 하면서 쓰레기와 닿으면 쓰레기가 사라지고 배터리가 한 칸씩 줄어듦

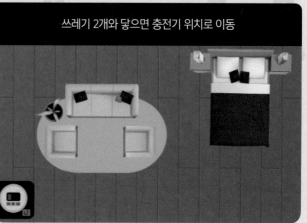

쓰레기 2개와 닿으면 충전기 위치로 이동

✅ 사용할 주요 블록

블록 꾸러미	명령 블록	설명
흐름	만일 참 이라면 △ / 아니면	만일 판단이 참이라면 첫 번째 감싸고 있는 블록들을 실행하고, 거짓이면 두 번째 감싸고 있는 블록들을 실행합니다.
판단	마우스포인터▼ 에 닿았는가?	해당 오브젝트가 선택한 항목과 닿은 경우 '참'으로 판단합니다.
움직임	방향을 90° 만큼 회전하기	오브젝트의 방향이 입력한 각도만큼 회전합니다.(오브젝트의 중심점을 기준으로 회전합니다.)
	화면 끝에 닿으면 튕기기	오브젝트가 화면 끝에 닿으면 튕겨 나옵니다.

1 오브젝트를 클릭하면 움직이게 하기

❶ [파일]-[오프라인 작품 불러오기]를 선택한 후 [열기] 대화상자에서 [실습파일]-[10차시]에 있는 '대청소.ent'를 선택하고 [열기] 버튼을 클릭합니다.

❷ '로봇청소기' 오브젝트를 클릭하면 청소를 시작하도록 하기 위해 '로봇청소기' 오브젝트를 선택한 후 █️의 오브젝트를 클릭했을 때 를 [블록 조립소]로 드래그하여 추가합니다.

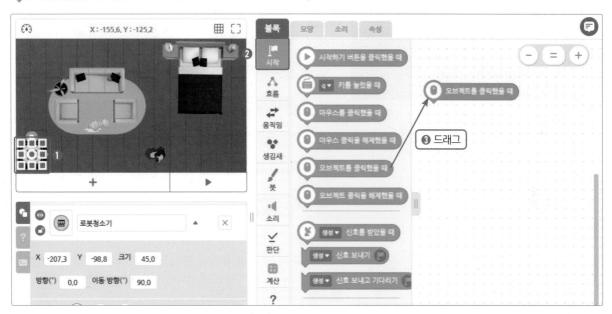

❸ '로봇청소기' 오브젝트가 계속 반복하여 작동하고 화면 끝에 닿으면 튕기도록 하기 위해 █️의 계속 반복하기 와 █️의 화면 끝에 닿으면 튕기기 를 드래그하여 연결합니다.

2 벽에 닿으면 회전하기

❶ '로봇청소기' 오브젝트가 벽에 닿으면 회전하도록 하기 위해  을 드래그하여 연결합니다.

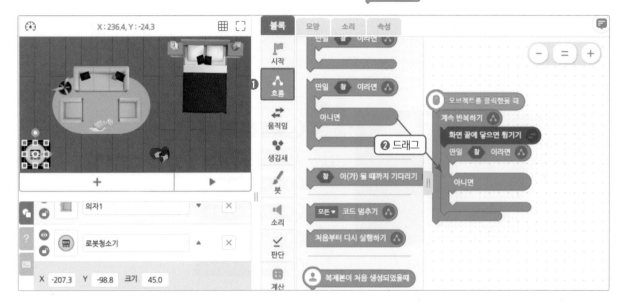

❷ 의 ＜마우스포인터▼ 에 닿았는가?＞를 ＜참＞에 드래그하여 끼워 넣은 후 '마우스포인터'를 클릭해 '벽'을 선택합니다.

❸ '벽'에 닿으면 '로봇청소기' 오브젝트가 회전하도록 설정하기 위해 [움직임] 의 `방향을 90° 만큼 회전하기` 를 드래그하여 연결한 후 `90°`를 클릭하여 '20°'로 변경합니다.

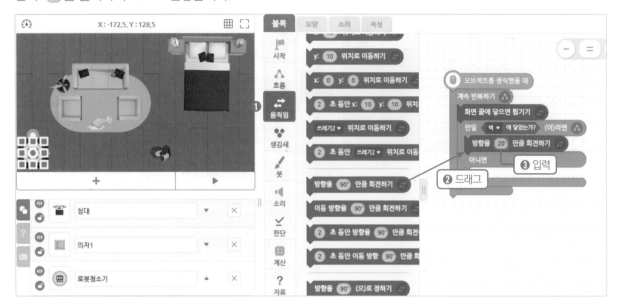

❹ '로봇청소기' 오브젝트가 회전한 후 움직이도록 하기 위해 [움직임] 의 `이동 방향으로 10 만큼 움직이기` 를 드래그하여 연결한 후 '로봇청소기' 오브젝트의 이동 속도를 느리게 하기 위해 `10` 의 값을 '1'로 변경합니다.

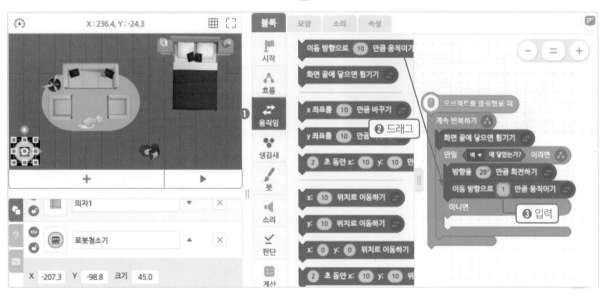

❺ 회전하여 이동할 때 다시 화면에 닿으면 튕기도록 하기 위해 [움직임]의 [화면 끝에 닿으면 튕기기]를 아래에 연결합니다.

❻ [움직임]의 [이동 방향으로 10 만큼 움직이기]를 아니면 조건 안으로 드래그하여 연결한 후 10의 값을 '1'로 변경합니다.

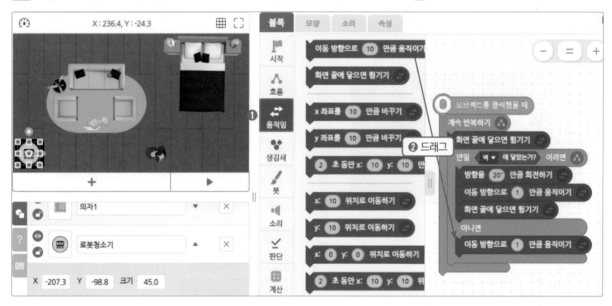

❼ [시작하기]를 클릭하고 '로봇청소기'를 클릭하면 로봇 청소기가 이동하면서 벽에 닿으면 튕기는 것을 확인할 수 있습니다.

 로봇 청소기가 돌아다니다 '쓰레기'와 닿으면 배터리가 한 칸씩 줄고 쓰레기 2개와 닿으면 충전기로 이동됩니다. 또 벽에 닿으면 회전하듯이 가구와 닿으면 방향을 바꿔 이동하도록 코딩되어 있습니다.

01 로봇 청소기가 청소를 끝내고 충전기에 닿으면 충전이 진행되도록 코드를 완성해 보세요.

실습파일 : 대청소-1.ent　　완성파일 : 대청소-1(완성).ent

❶ ❷~❸를 2번 반복하기 ➡ ❷ 2초 기다리기 ➡ ❸ 이전 모양으로 바꾸기 ➡ ❹ 반복 중단하기

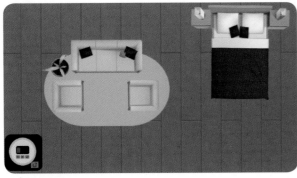 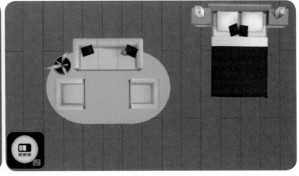

💡 **힌트**

'로봇청소기' 오브젝트를 선택하여 다음 블록 안에 코드를 완성해 보세요.

만일　　충전기 ▼ 에 닿았는가?　그리고 ▼　　로봇청소기 ▼ 의 모양 번호 ▼ = 3 (이)라면 ⚠

02 '쓰레기1'과 '쓰레기2' 오브젝트의 모양이 무작위로 변하도록 코드를 완성해 보세요.

실습파일 : 대청소-2.ent　　완성파일 : 대청소-2(완성).ent

❶ 1부터 4사이의 무작위 수 ➡ ❷ 모양으로 바꾸기

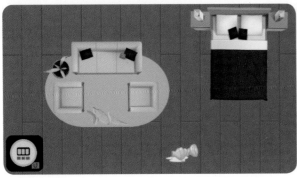 

💡 **힌트**

모양 보이기 💜 블록 위에 무작위 모양으로 바뀌도록 블록을 삽입해 보세요.

11 옴팡지게 귀여운 캐릭터 만들기

예슬이는 친구들과 극장에서 애니메이션을 보았어요. 애니메이션에서 나온 캐릭터가 너무 귀여워서 파워포인트로 귀여운 캐릭터를 만들어 보려고 해요. 파워포인트로 귀여운 캐릭터를 만들려면 어떻게 하면 될까요? 여러분이 도와주세요.

· 슬라이드 배경을 단색으로 지정할 수 있습니다.
· 도형을 복사할 수 있습니다.
· 슬라이드를 복제할 수 있습니다.

실습파일 : 없음   완성파일 : 캐릭터(완성).pptx

이렇게 만들어요

같은 색의 도형을 겹쳐 놓으면 하나의 도형처럼 보입니다. 타원과 직사각형 도형 등을 삽입하고 같은 채우기 색으로 지정해 귀신 캐릭터를 완성해 보세요.

☑ 사용할 도구

기능	방법	설명
슬라이드 배경 지정	[바로 가기 메뉴]-[배경 서식]	슬라이드 배경에 색과 그림, 패턴을 지정할 수 있습니다.
도형 삽입	[홈] 탭-[그리기] 그룹-[도형]	다양한 도형을 슬라이드에 삽입할 수 있습니다.
슬라이드 복제	[바로 가기 메뉴]-[슬라이드 복제]	선택한 슬라이드를 복제합니다.

슬라이드 배경을 단색으로 채우기

① 파워포인트 2016을 실행하고 슬라이드의 크기를 변경하기 위해 [디자인] 탭-[사용자 지정] 그룹-[슬라이드 크기]
에서 '표준(4:3)'을 클릭합니다. 슬라이드 위에서 마우스 오른쪽 버튼을 눌러 바로 가기 메뉴에서 [레이아웃]-[빈
화면]을 선택하고 다시 마우스 오른쪽 버튼을 눌러 바로 가기 메뉴에서 [배경 서식]을 클릭합니다.

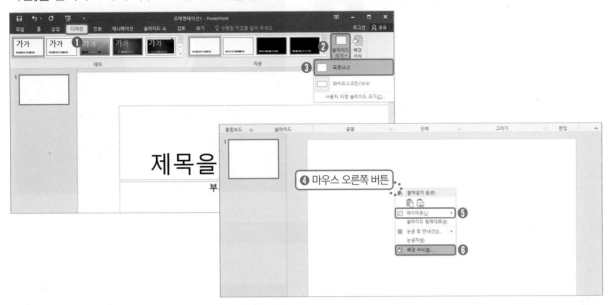

 콘텐츠의 크기를 슬라이드에 맞게 조정하거나 새 슬라이드에 맞게 크기를 줄이기 위한 팝업 창이 표시되면 [맞춤 확인] 버튼을
클릭합니다.

② [배경 서식] 창이 나타나면 [채우
기]-[단색 채우기]를 선택한 후 '채
우기 색'에서 '검정, 텍스트 1'을 클
릭하고 오른쪽 상단의 [닫기(✕)]
를 클릭합니다.

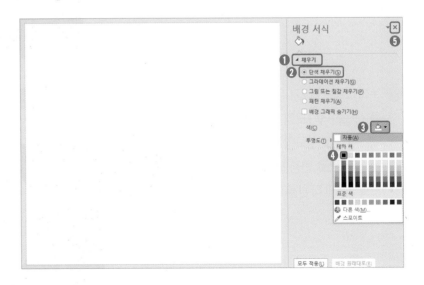

2 도형으로 캐릭터 만들기

❶ 도형으로 캐릭터를 만들기 위해 [홈]
탭-[그리기] 그룹-[도형]-[기본 도
형]-[타원] 도형을 삽입한 후 [홈]
탭-[그리기] 그룹-[도형 채우기]를
'흰색, 배경 1'로, [도형 윤곽선]을
'윤곽선 없음'으로 변경합니다.

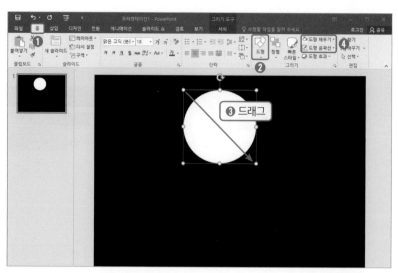

❷ 타원 도형을 Ctrl+드래그하여 복사
한 후 크기 조절점을 드래그하여 크
기를 작게 만들고 위치를 변경합
니다.

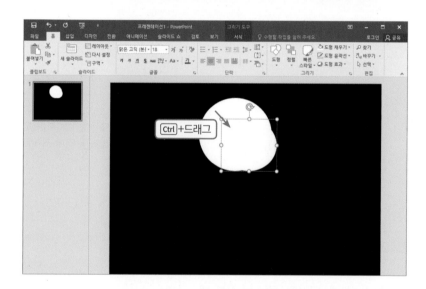

❸ 눈과 코를 그리기 위해 [타원] 도형
을 삽입한 후 [도형 채우기]를 '검정,
텍스트 1'로, [도형 윤곽선]을 '윤곽
선 없음'으로 변경합니다. 같은 방법
으로 2개의 타원을 더 추가합니다.

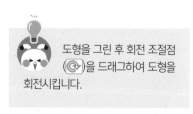

도형을 그린 후 회전 조절점
(⟳)을 드래그하여 도형을
회전시킵니다.

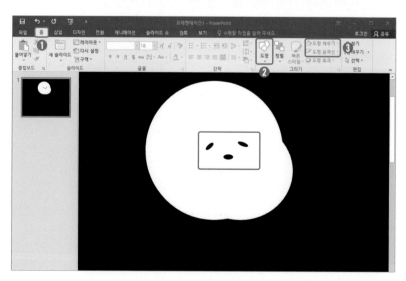

④ 빨간색 볼을 그리기 위해 [타원] 도형을 삽입한 후 [도형 채우기]를 '빨강'으로, [도형 윤곽선]을 '윤곽선 없음'으로 변경하고 Ctrl +드래그하여 복사합니다.

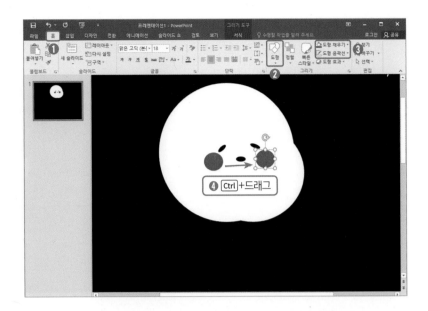

⑤ [모서리가 둥근 직사각형] 도형과 [타원] 도형을 삽입합니다. 삽입한 두 개의 도형을 Ctrl 을 이용하여 모두 선택하고 [도형 채우기]에서 '흰색, 배경 1'로, [도형 윤곽선]을 '윤곽선 없음'으로 변경합니다.

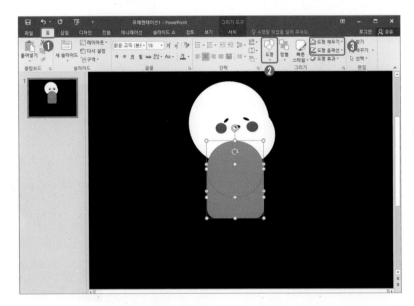

⑥ 캐릭터의 팔을 그리기 위해 [모서리가 둥근 직사각형] 도형을 삽입한 후 [도형 채우기]에서 '흰색, 배경 1'을, [도형 윤곽선]을 '윤곽선 없음'을 선택합니다. 이어서 회전 조절점과 모양 조절점을 드래그하여 모양을 변경하고 그림과 같이 위치를 이동합니다.

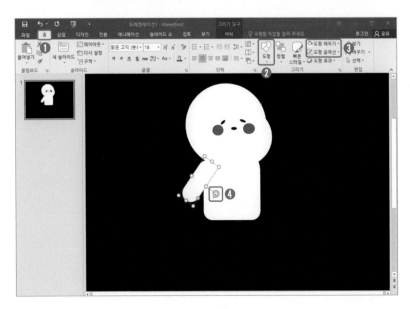

❼ 팔 도형을 Ctrl+드래그하여 복사한 후 [홈] 탭-[그리기] 그룹-[정렬]-[회전]-[좌우 대칭]을 선택하고 그림처럼 배치합니다.

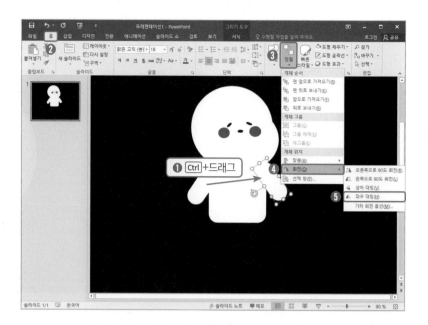

❽ [모서리가 둥근 직사각형]을 선택해 다리와 발이 될 2개의 도형을 추가한 후 모양 조절점을 드래그하여 둥근 부분의 모양을 변경합니다. 만들어진 다리와 발 도형을 선택하고 Ctrl+Shift+드래그하여 도형을 복사해 다리를 완성합니다.

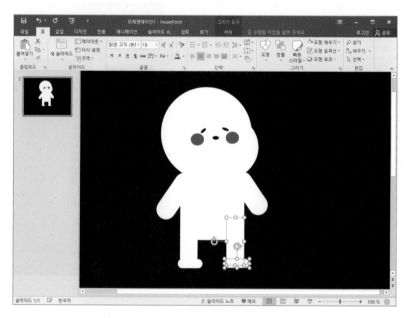

❶ 슬라이드를 복제하기 위해 슬라이드 목록의 1번 슬라이드에서 마우스 오른쪽 버튼을 클릭하여 [슬라이드 복제]를 클릭합니다.

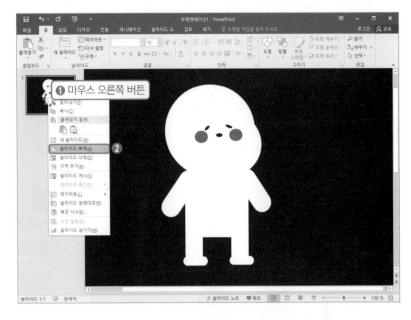

❷ 2번 슬라이드에 있는 캐릭터의 팔과 다리가 움직이는 모습을 표현하기 위해 팔과 다리 도형을 선택하고 '회전 조절점'을 드래그하여 도형을 회전합니다.

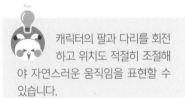
캐릭터의 팔과 다리를 회전하고 위치도 적절히 조절해야 자연스러운 움직임을 표현할 수 있습니다.

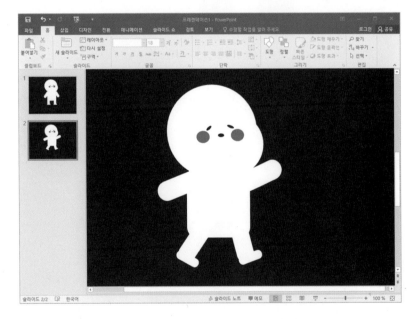

01 다음 조건대로 캐릭터를 완성해 보세요.

실습파일 : 없음   완성파일 : 곰돌이(완성).pptx

조건

- 슬라이드 레이아웃 : '빈 화면'
- 도형 : '타원', '모서리가 둥근 직사각형',
  '순서도: 수행의 시작/종료'
- 도형 서식
  – 채우기 : '주황', '검정, 텍스트 1', '흰색, 배경 1'
  – 윤곽선 : '윤곽선 없음'

02 다음 조건대로 슬라이드를 복제하고 회전해 보세요.

실습파일 : 곰돌이-1.pptx   완성파일 : 곰돌이-1(완성).pptx

조건

- 슬라이드 복제 : 1번 슬라이드 복제
- 도형 회전

옴팡이와 징검다리 무사히 건너기

옴팡이가 탐험 여행을 떠나려고 해요. 깊은 계곡에 놓인 징검다리를 점프하여 목적지에 도착해야 해요. 가까운 돌은 가볍게 점프하고 멀리 있는 돌은 힘껏 점프하여 목적지에 도착할 수 있도록 여러분이 도와주세요.

학습목표

- 오브젝트의 시작 위치를 설정할 수 있습니다.
- 키보드의 특정키를 눌러 프로그램을 실행할 수 있습니다.
- 오브젝트의 좌우 모양을 뒤집을 수 있습니다.

실습파일 : 대탐험.ent　　완성파일 : 대탐험(완성).ent

이렇게 코딩해요

옴팡이의 처음 시작 위치를 정하고 징검다리의 거리에 따라 멀리 뛰는 점프와 가까이 뛰는 점프 동작에 신호를 보내 징검다리를 무사히 건널 수 있도록 만들어 주세요. 징검다리의 마지막에 도착하면 모양을 뒤집어 말을 하도록 코딩해 주세요.

징검다리 4개가 1초 간격으로 올라오기

점프하여 징검다리 건넌 후 모양 바꾸고 말하기

야호~ 도착했다!

☑ 사용할 주요 블록

블록 꾸러미	명령 블록	설명
움직임	x: 0 y: 0 위치로 이동하기	오브젝트가 입력한 x와 y 좌표로 이동합니다(오브젝트의 중심점이 기준이 됩니다).
시작	q▼ 키를 눌렀을 때	선택한 키를 누르면 아래에 연결된 블록들을 실행합니다.
	대상 없음▼ 신호 보내기	선택한 신호를 보냅니다.
생김새	좌우 모양 뒤집기	오브젝트의 좌우 모양을 뒤집습니다.
	안녕! 을(를) 말하기▼	오브젝트가 입력한 내용을 말풍선으로 말하는 동시에 다음 블록을 실행합니다.

1 오브젝트의 시작 위치 지정하기

❶ 엔트리를 실행하고 [파일]-[오프라인 작품 불러오기]를 선택한 후 [열기] 대화상자가 나타나면 [실습파일]-[12차시] 폴더의 '대탐험.ent'를 선택하고 [열기] 버튼을 클릭합니다.

❷ '옴팡이' 오브젝트의 처음 시작 위치와 모양을 지정하기 위해 의 시작하기 버튼을 클릭했을 때 를 [블록 조립소]로 드래그한 후 의 옴팡이1 모양으로 바꾸기 를 드래그하여 연결하고 '옴팡이1'을 선택합니다.

❸ 의 x: 0 y: 0 위치로 이동하기 를 [블록 조립소]로 드래그하여 연결한 후 x 좌표를 '-200', y 좌표를 '30'으로 변경합니다.

2 오브젝트의 점프 동작 만들기

① 스페이스 키를 누르면 '옴팡이' 오브젝트가 점프하도록 만들기 위해 [시작]의 [🔲 q▼ 키를 눌렀을 때]를 [블록 조립소]로 드래 그한 후 q▼ 를 클릭하여 '스페이스'로 변경합니다.

② 점프를 2번 반복하도록 만들기 위해 [흐름]의 [10 번 반복하기]를 [블록 조립소]로 드래그하여 연결한 후 반복 횟수를 '2' 로 변경합니다.

❸ 🏁의 일반 점프▼ 신호 보내기 를 반복 블록 안쪽에 연결한 후 일반 점프▼ 를 클릭하여 '약한 점프'로 변경합니다.

🦊 ・[속성] 탭에서 🔔 신호 를 클릭한 후 신호 추가하기 를 클릭하면 신호를 추가할 수 있습니다.
・예제에서는 신호를 보냈을 때 점프 동작이 미리 코딩되어 있습니다.

❹ 🏁의 2 초 기다리기 를 연결하고 초를 '3'초로 변경합니다. 다시 🏁의 일반 점프▼ 신호 보내기 를 연결한 후 🏁의 2 초 기다리기 를 연결하고 초를 '3'초로 변경합니다.

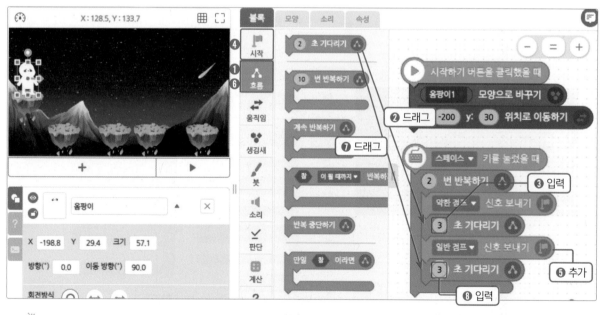

 스페이스 키를 누르면 4개의 징검다리 돌을 건너기 위해 약한 점프 한 번, 일반 점프 한 번을 두 번 반복해 4번 점프하게 됩니다.

❶ 목적지에 도착한 후 '옴팡이' 오브젝트의 모양을 변경하기 위해 [생김새] 의 [옴팡이1 모양으로 바꾸기] 를 드래그하여 연결한 후 '옴팡이2'로 변경합니다.

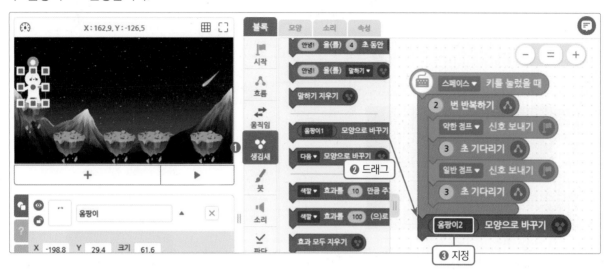

❷ [생김새] 의 [좌우 모양 뒤집기] 와 [안녕! 을(를) 말하기▼] 를 드래그하여 차례로 연결한 후 말하기의 내용을 "야호~ 도착했다!!"로 변경합니다.

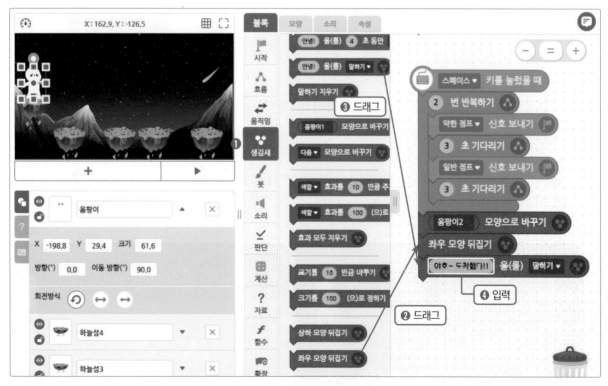

[안녕! 을(를) 말하기▼] : 오브젝트가 입력한 내용을 말풍선으로 말하는 동시에 다음 블록을 실행합니다.

[안녕! 을(를) 4 초 동안 말하기▼] : 오브젝트가 입력한 내용을 입력한 시간 동안 말풍선으로 말한 후 다음 블록을 실행합니다.

01 [속성] 탭에서 '도착' 신호를 추가하고 점프 동작이 끝나면 도착 신호를 보내도록 코드를 완성해 보세요.

실습파일 : 대탐험-1.ent 완성파일 : 대탐험-1(완성).ent

❶ [속성] 탭에서 '도착' 신호 추가 ➡ ❷ '도착' 신호 보내기

02 '도착' 신호를 받으면 오브젝트 모양이 바뀌면서 올라갔다 내려오도록 코드를 완성해 보세요.

실습파일 : 대탐험-2.ent 완성파일 : 대탐험-2(완성).ent

❶ '도착' 신호를 받으면 ➡ ❷ ❸~❿을 3번 반복하기 ➡ ❸ ❹를 10번 반복하기 ➡ ❹ y 좌표를 2만큼 바꾸기 ➡ ❺ 0.1초 기다리기 ➡ ❻ 다음 모양으로 바꾸기 ➡ ❼ ❽을 10번 반복하기 ➡ ❽ y 좌표를 −2만큼 바꾸기 ➡ ❾ 0.1초 기다리기 ➡ ❿ 다음 모양으로 바꾸기

13 인어가 사는 바다 배경 만들기

민상이는 얼마 전에 아쿠아리움을 다녀온 후 바닷속을 그려보기로 했어요. 꽃게와 불가사리 같은 해양 동물들을 현실감 있게 표현해 진짜 바닷속처럼 만들어 보고 싶었어요. 여러분이 그림판 3D 로 실제 바닷속처럼 그릴 수 있도록 도와주세요.

학습목표
- 브러시 도구로 그라데이션을 표현할 수 있습니다.
- 도형의 깊이를 조절할 수 있습니다.
- 도형의 질감을 표현할 수 있습니다.
- 스티커로 삽입한 이미지를 3D로 만들 수 있습니다.

실습파일 : 바다1~바다11.png　　**완성파일** : 바다배경(완성).glb

이렇게 만들어요

스프레이 캔을 이용해 바다 배경을 만들고 3D 셰이프로 입체감 있는 그림으로 만들어 보세요.

☑ 사용할 도구

사용할 도구	설명
3D 셰이프(🧊3D 셰이프)	3D 도형을 그릴 수 있습니다.
스티커(🏷️스티커)	스티커 도구로 추가한 그림에 질감을 표현할 수 있습니다.
브러시(🖌️브러시)의 스프레이 캔(🎨)	그라데이션 느낌의 배경을 표현할 수 있습니다.

스프레이 캔으로 그라데이션 표현하기

① 그림판 3D 프로그램을 실행한 후 [새로 만들기]를 클릭합니다.

② 빈 캔버스가 나타나면 도구상자에서 [브러시(🖌)]를 클릭한 후 화면 오른쪽의 [스프레이 캔(🔋)]을 클릭합니다.
[두께]를 '300px', [불투명도]를 '25%'로 조절하고 '남색'을 선택한 후 캔버스 위를 여러 번 드래그하여 칠합니다.

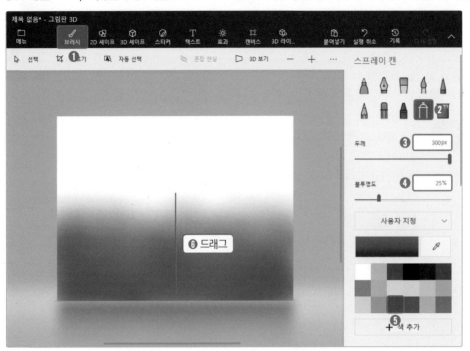

③ 색을 '옥색'과 '바다색'으로 선택한 후 빈 공간을 드래그하여 그림처럼 바닷속 배경을 만들어 봅니다.

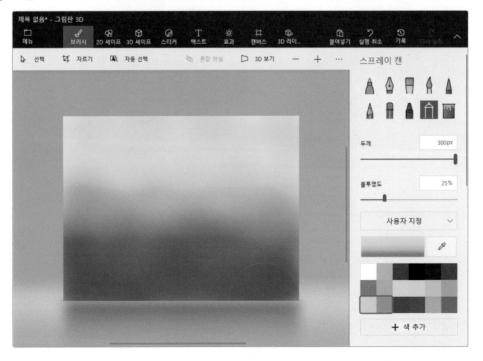

2 **3D 셰이프로 실감나는 바다 만들기**

① 모래 언덕을 표현하기 위해 도구상자에서 [3D 셰이프( )]를 클릭한 후 화면 오른쪽의 [3D 개체]에서 [반구
( )]를 선택합니다.

② 캔버스 안에 '반구'를 드래그하여 삽입한 후 'Z축 위치( )'를 드래그하여 깊이를 조절합니다.

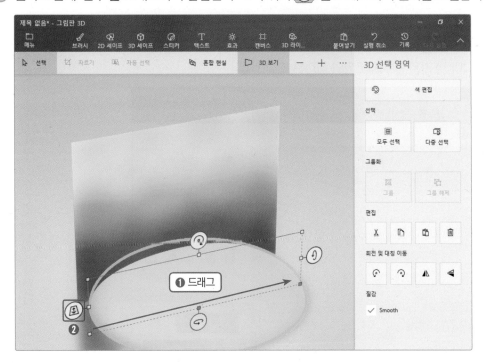

• Z축을 좀 더 사실적으로 확인하려면 [3D 보기]를 선택합니다.
• 3D 보기 상태에서 보는 각도를 조절하려면 마우스 오른쪽 버튼을 클릭한 상태에서 드래그합니다.

③ 모래 질감을 표현하기 위해 도구상자에서 [스티커(⊘스티커)]를 클릭한 후 화면 오른쪽의 [질감]에서 [모래]를 선택하고 '반구' 도형 위를 드래그합니다.

 반구 도형 안쪽에서 드래그해야 반구에 맞게 질감이 적용됩니다. 반구 전체에 질감이 적용되지 않았다면 크기 조절점을 반구 크기에 맞게 드래그합니다.

④ 도구상자에서 [3D 셰이프(⬡3D 셰이프)]를 클릭한 후 오른쪽의 [3D 개체]에서 [반구(⬭)]를, 색을 '진한 회색'을 선택하고 드래그하여 추가합니다. 추가된 반구의 크기와 깊이를 조절합니다.

❺ 산호를 그리기 위해 도구상자에서 [3D 셰이프(3D 셰이프)]를 클릭한 후 오른쪽의 [3D로 그리기]에서 '관 브러시(🐍)'
를 선택하고 두께를 '60px', 색을 '빨강'을 선택합니다.

❻ 캔버스 위를 드래그하여 산호를 그린 후 깊이와 크기를 조절합니다.

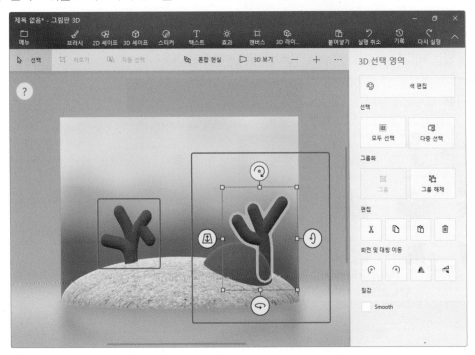

① '불가사리' 이미지를 삽입하기 위해 도구 모음에서 [스티커(   )]를 클릭한 후 오른쪽의   를 클릭하고 [스티커 추가]를 클릭합니다.

② [실습파일]-[13차시]에 있는 '바다1.png'를 선택하고 [열기] 버튼을 클릭합니다.

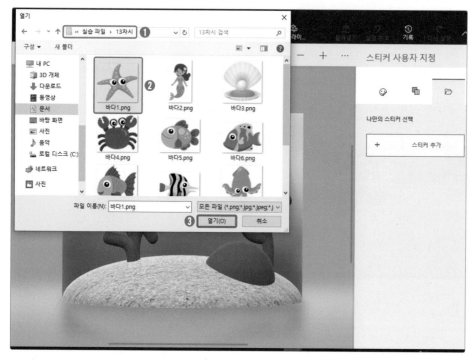

❸ 삽입한 '불가사리' 이미지를 3D 개체로 만들기 위해 [3D 만들기]를 클릭한 후 이미지의 위치와 깊이를 조절합니다.

❹ 같은 방법으로 '바다2'~'바다11' 이미지를 삽입한 후 위치와 깊이를 조절합니다.

01 다음의 조건대로 해초를 그려 보세요.

실습파일 : 바다배경-1.glb   완성파일 : 바다배경-1(완성).glb

조건

- [3D 셰이프]-[관 브러쉬()]
- 두께 : '60px'
- 채우기 색 : '녹색'

02 다음의 조건대로 물방울을 그리고 스티커로 추가해 보세요.

실습파일 : 바다배경-2.glb   완성파일 : 바다배경-2(완성).glb

조건

- [2D 셰이프]-[원]
- 채우기 색 : '남색'
- 선 종류 : '없음'
- 두께 : '100px'
- 불투명도 : '30%'
- [3D 만들기] 실행
- [스티커 만들기] 실행

 힌트

스티커를 추가하면 나만의 스티커 목록에 나타나며 클릭하여 계속해서 사용할 수 있습니다.

바닷속 물고기 키우기

바닷속에는 예쁜 것들도 많지만 물고기를 잡아먹는 무서운 상어도 살고 있어요. 예쁜 물고기가 상어에게 잡아먹히지 않고 먹이를 먹을 수 있도록 여러분이 도와주세요.

 학습목표
- 오브젝트가 마우스를 따라다니도록 설정할 수 있습니다.
- 오브젝트의 효과를 변경할 수 있습니다.
- 일정 점수가 되면 게임이 끝나도록 코딩할 수 있습니다.

실습파일 : 물고기키우기.ent   완성파일 : 물고기키우기(완성).ent

이렇게 코딩해요

물고기가 마우스를 따라다니며 상어 피해 먹이 먹기

점수 1

바닷속의 물고기는 물고기 밥을 먹으면 성장합니다. 상어에 잡히지 않고 물고기 밥을 먹으면서 물고기가 잘 성장할 수 있도록 만들어 주세요.

☑ 사용할 주요 블록

블록 꾸러미	명령 블록	설명
흐름	참 이(가) 될 때까지 기다리기	판단이 참이 될 때까지 실행을 멈추고 기다립니다.
	처음부터 다시 실행하기	작품을 처음부터 다시 실행합니다.
	모든▼ 코드 멈추기	모든 블록이 실행을 멈춥니다.
움직임	물고기▼ 쪽 바라보기	해당 오브젝트가 방향을 회전하여 선택한 오브젝트 또는 마우스 포인터 쪽을 바라봅니다.
	2 초 동안 물고기▼ 위치로 이동하기	입력한 시간 동안 선택한 오브젝트 또는 마우스 포인터의 위치로 이동합니다(오브젝트의 중심점이 기준이 됩니다).
판단	10 ≥ 10	입력한 두 값을 비교합니다(왼쪽에 위치한 값이 오른쪽에 위치한 값보다 크거나 같은 경우 '참'을 판단합니다).
생김새	색깔▼ 효과를 10 만큼 주기	오브젝트에 선택한 효과를 입력한 값만큼 줍니다.

① 엔트리를 실행하고 [파일]-[오프라인 작품 불러오기]를 선택한 후 [열기] 대화상자에서 [실습파일]-[14차시]에 있는 '물고기키우기.ent'를 선택하고 [열기] 버튼을 클릭합니다.

② '물고기' 오브젝트가 계속 반복해서 마우스를 따라 다니도록 하기 위해 [시작]의 (시작하기 버튼을 클릭했을 때)를 [블록 조립소]로 드래그한 후 [흐름]의 (계속 반복하기)를 드래그하여 연결합니다.

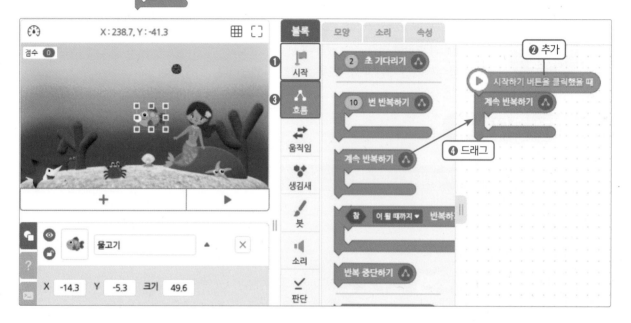

③ [움직임]의 (물고기▼ 쪽 바라보기)를 [블록 조립소]로 드래그하여 연결한 후 '마우스포인터'로 변경합니다.

④ 의 `2 초 동안 물고기▾ 위치로 이동하기`를 [블록 조립소]로 드래그하여 연결한 후 초를 '0.1'초로, 위치를 '마우스포인터'
로 변경합니다.

---

2 상어에 닿으면 처음부터 다시 실행하기

① '물고기' 오브젝트가 '상어' 오브젝트에 닿으면 처음부터 다시 실행하도록 만들기 위해 흐름의 `만일 참 이라면`을 드래
그하여 연결한 후 판단의 `마우스포인터▾ 에 닿았는가?`를 `참`에 드래그하여 끼워 넣고 '상어'를 선택합니다.

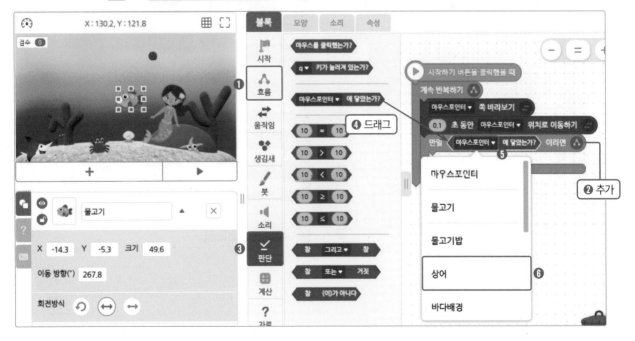

② 의 처음부터 다시 실행하기 ♨ 를 [블록 조립소]로 드래그하여 연결합니다.

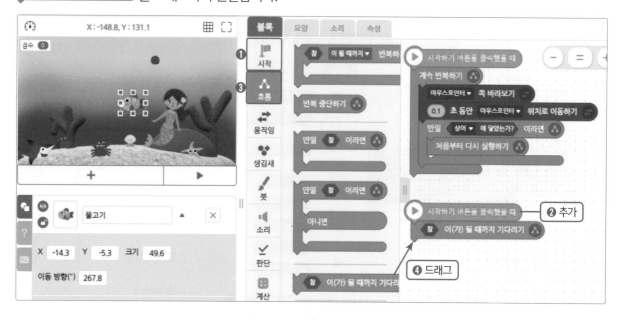

③ 점수가 10점이 넘으면 게임 끝내기

❶ 점수가 '10점'이 될 때까지 기다리기 위해 🚩의 ▶시작하기 버튼을 클릭했을 때 를 [블록 조립소]로 드래그한 후 ♨의
참 이(가) 될 때까지 기다리기 ♨ 를 드래그하여 연결합니다.

❷ 의 ◁ 10 ≥ 10 ▷을 ◁ 참 ▷에 드래그하여 끼워 넣은 후 ? 자료의 점수▼ 값 을 앞쪽 10 에 드래그하여 끼워 넣습니다.

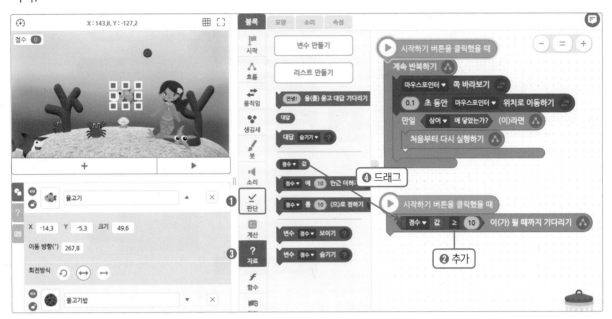

예제에서는 물고기가 먹이를 먹으면 '점수' 변수에 1을 더하도록 미리 코딩되어 있습니다.

❸ 점수가 10점이 넘으면 물고기의 크기와 밝기 변화를 반복하기 위해 흐름의 10 번 반복하기 ∧ 를 드래그하여 연결한 후 반복 횟수를 '3'으로 변경합니다.

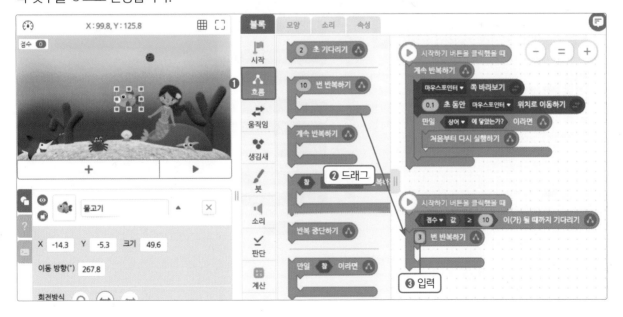

❹ '물고기' 오브젝트의 크기를 변경하기 위해 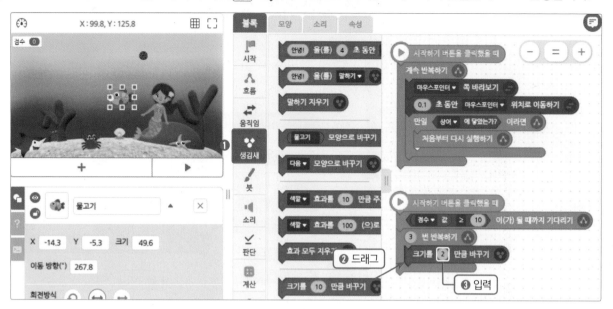 의 크기를 10 만큼 바꾸기 를 드래그하여 연결한 후 '2'로 변경합니다.

❺ 2 초 기다리기 를 드래그하여 연결하고 초를 '0.1'초로 변경한 후 색깔 효과를 10 만큼 주기 를 드래그하여 연결하고 '색깔' 효과를 '밝기' 효과로, 값을 '100'으로 변경합니다.

⑥ 의 `2 초 기다리기`를 드래그하여 연결한 후 초를 '0.1'초로 변경하고 `생김새`의 `색깔▼ 효과를 10 만큼 주기`를 드래그하여 연결한 후 '색깔' 효과를 '밝기' 효과로, 값을 '-100'으로 변경합니다. 의 `2 초 기다리기`를 드래그하여 연결한 후 초를 '0.5'초로 수정합니다.

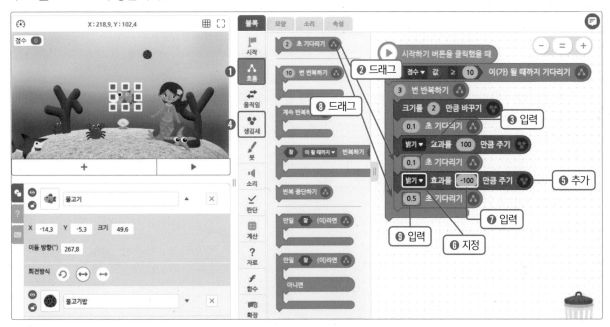

점수가 10점 이상이 되면 크기가 커지면서 밝아졌다가 다시 어두워지는 모양을 3번 반복합니다.

⑦ '물고기' 오브젝트의 크기 변경과 밝기 효과 반복이 끝난 후 게임을 끝내기 위해 의 `모든▼ 코드 멈추기`를 드래그하여 연결합니다.

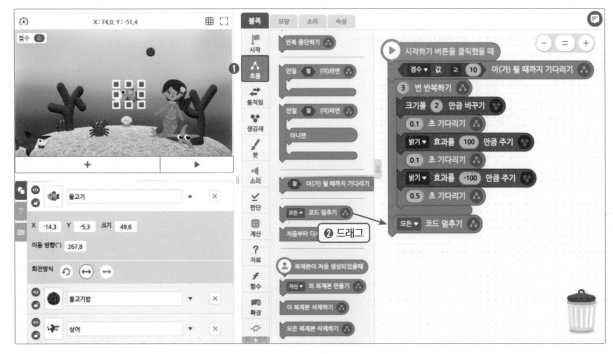

01 앞에서 완성한 코드에 이어 점수가 20점이 넘으면 크기가 더 커지고 더 밝아졌다 돌아오도록 만들고 게임을 끝내도록 코드를 완성해 보세요.

실습파일 : 물고기키우기-1.ent 완성파일 : 물고기키우기-1(완성).ent

❶ ❷~❸이 될 때까지 기다리기 ➜ ❷ 20보다 크거나 같다 ➜ ❸ '점수' 값이 ➜ ❹ ❺~❿번을 3번 반복하기 ➜ ❺ 크기를 3만큼 바꾸기 ➜ ❻ 0.1초 기다리기 ➜ ❼ 밝기 효과를 100만큼 주기 ➜ ❽ 0.1초 기다리기 ➜ ❾ 밝기 효과를 −100만큼 주기 ➜ ❿ 0.5초 기다리기 ➜ ⓫ 모든 코드 멈추기

• 20점이 넘으면 크기를 3만큼 바꾸고 밝기 효과를 100만큼 주기

02 '물방울' 오브젝트가 2초마다 복제되어 위로 올라가도록 코드를 완성해 보세요.

실습파일 : 물고기키우기-2.ent 완성파일 : 물고기키우기-2(완성).ent

❶ 시작하기 버튼을 클릭했을 때 ➜ ❷ 모양을 숨기기 ➜ ❸ ❹~❺를 계속 반복하기 ➜ ❹ 2초 기다리기 ➜ ❺ 자신의 복제본 만들기

❶ 복제본이 처음 생성되었을 때 ➜ ❷ x 좌표는 −230부터 230 사이의 무작위 수, y 좌표는 −140 ➜ ❸ 위치로 이동 ➜ ❹ 모양 보이기 ➜ ❺ 위쪽 벽에 닿을 때까지 ➜ ❻ ❼을 반복하기 ➜ ❼ y 좌표를 1만큼 바꾸기 ➜ ❽ 모양 숨기기

15 게임 시작 입체 텍스트 만들기

지훈이는 게임을 하다가 게임이 시작하고 끝날 때 나오는 글자 화면을 멋있게 만들어보고 싶어졌어요. 그림판으로 입체감 있는 글자를 만들고 스티커로 이미지를 삽입해 보려고 해요. 여러분이 지훈이와 함께 재밌고 예쁜 입체 글자를 만들어 주세요.

- 캔버스를 투명하게 지정할 수 있습니다.
- 텍스트를 삽입할 수 있습니다.
- 이미지의 좌우를 변경할 수 있습니다.

실습파일 : 용1~6.png   완성파일 : 글자입력(완성).glb, 글자입력.png

이렇게 만들어요

캔버스를 투명하게 설정하고 3D 텍스트로 입체 글자를 만든 후 스티커로 예쁜 그림을 삽입해 배경이 투명한 이미지를 완성해 보세요.

✅ 사용할 도구

[캔버스( )]-[투명한 캔버스]	투명한 캔버스를 설정할 수 있습니다.
[텍스트( )]-[3D 텍스트( )]	3D 텍스트를 삽입할 수 있습니다.
[회전 및 대칭 이동]-[좌우 대칭( )]	이미지를 좌우 대칭으로 만들 수 있습니다.

① 그림판 3D 프로그램을 실행한 후 [새로 만들기]를 클릭합니다.

② 도구상자에서 [캔버스(⌗ 캔버스)]를 클릭한 후 오른쪽의 [캔버스 표시]와 [투명한 캔버스]를 '켬'으로 설정합니다. [가로 세로 비율 고정]을 체크 해제하고 [캔버스 크기 조정]에서 [너비]를 '700px', [높이]를 '300px'로 변경합니다.

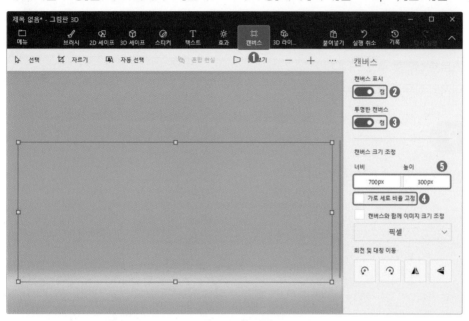

③ 텍스트를 입력하기 위해 도구상자에서 [텍스트(T 텍스트)]를 클릭한 후 오른쪽의 [3D 텍스트(3ͭ)]를 클릭하고 글꼴을 'SHOWCARD GOTHIC'으로 선택합니다.

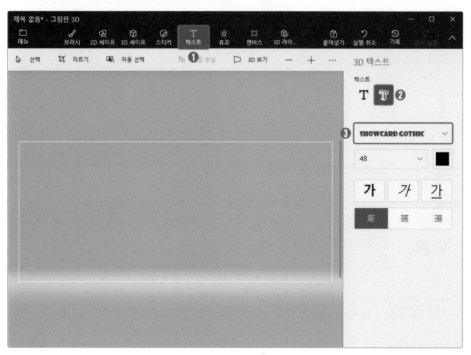

④ 캔버스를 클릭하여 "GAME START"를 입력하고 입력한 텍스트의 크기와 위치를 변경한 후 바깥쪽 빈 공간을 클릭합니다. 'X축 회전(⟲)'과 'Y축 회전(⟳)'을 이용하여 텍스트를 회전합니다.

2 텍스트에 예쁜 색 칠하기

① 텍스트에 색을 칠하기 위해 도구상자에서 [브러시()]를 선택하고 오른쪽의 [채우기(▦)]를 선택합니다. [+ 색 추가]를 클릭하고 [색 편집] 대화상자에서 빨간색(빨강:255, 녹색:0, 파랑:0)을 선택한 후 [확인] 버튼을 클릭합니다.

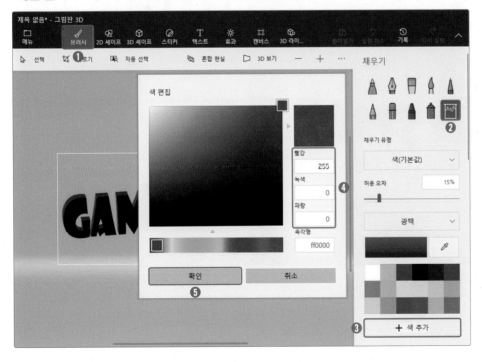

❷ "G"와 "S" 텍스트를 클릭하여 빨간색으로 칠합니다. 같은 방법으로 주황색(빨강:250, 녹색:120, 파랑:10)을 추가하여 "A"와 "T" 텍스트를 칠합니다.

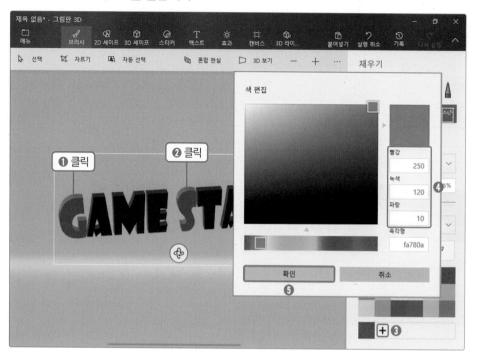

❸ 같은 방법으로 노란색(빨강:255, 녹색:255, 파랑:0)을 선택한 후 "M"과 "A" 텍스트를, 녹색(빨강:0, 녹색:255, 파랑:0)을 선택해 "E"와 "R" 텍스트를, 파란색(빨강:0, 녹색:0, 파랑:255)을 선택해 "T" 텍스트를 칠합니다.

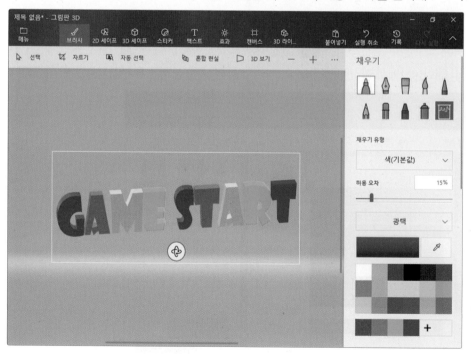

① 이미지를 삽입하기 위해 도구상자에서 [스티커()]를 클릭한 후 오른쪽의 📁를 클릭하고 [스티커 추가]를 클릭합니다. [열기] 대화상자가 나타나면 [실습파일]-[15차시] 폴더에서 '용1.png'를 선택하고 [열기] 버튼을 클릭합니다.

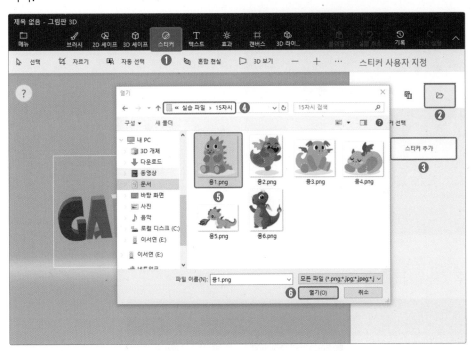

② 삽입한 '용1' 이미지를 3D 개체로 만들기 위해 [3D 만들기]를 클릭합니다.

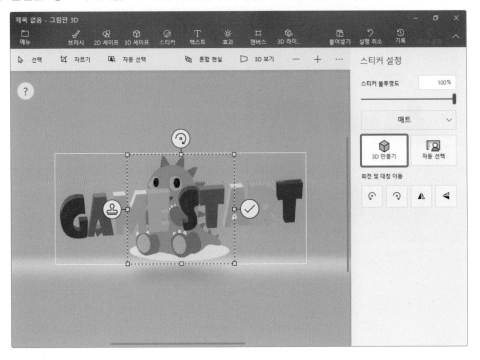

❸ '용1' 이미지의 방향을 변경하기 위해 화면 오른쪽의 [회전 및 대칭 이동]에서 [좌우 대칭(▲▲)]을 클릭합니다.

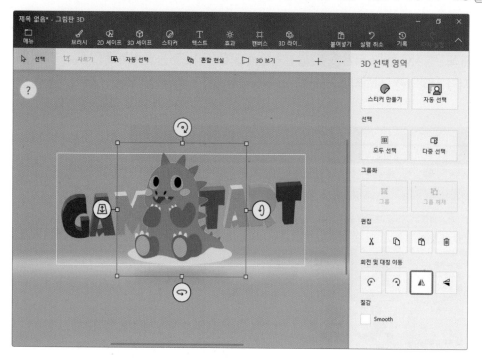

❹ 크기와 위치를 변경한 후 'Z축 위치(⊡)'를 드래그하여 깊이를 조절합니다.

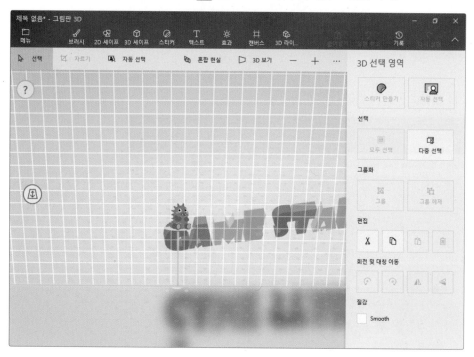

⑤ 같은 방법으로 '용2~용6.png' 이미지를 삽입하여 3D 개체로 만든 후 위치와 크기를 변경합니다.

'PNG' 형식으로 이미지 저장하기

① 작업한 파일을 저장하기 위해 [메뉴]-[다른 이름으로 저장]-[이미지]를 클릭합니다.

② [다른 형식으로 저장]을 'PNG(이미지)'로 설정한 후 [저장] 버튼을 클릭합니다. 파일 이름을 '글자입력'으로 입력한 후 [저장] 버튼을 클릭합니다.

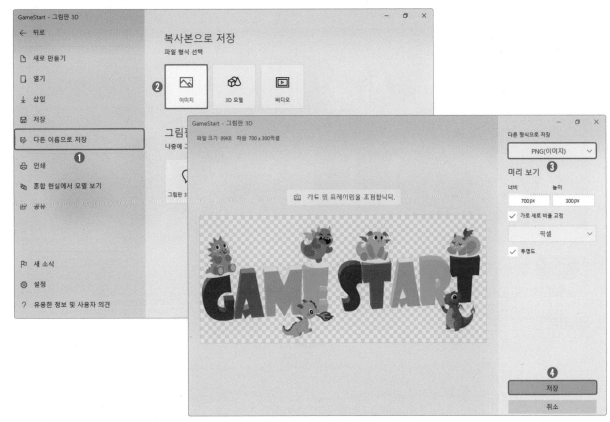

01 다음의 조건대로 텍스트를 입력하고 스티커를 추가한 후 PNG 파일로 저장해 보세요.

실습파일 : 용5.png   완성파일 : GAMEOVER(완성).png

- [텍스트]-[3D 텍스트]
- 글꼴 : 'STENCIL'

- X축 / Y축 회전
- 색 : '연한 회색', '진한 회색'

02 다음의 조건대로 텍스트를 입력하고 스티커를 추가한 후 PNG 파일로 저장해 보세요.

실습파일 : 용7.png   완성파일 : YouWin(완성).png

조건

- [텍스트]-[3D 텍스트]
- 글꼴 : 'STENCIL'

- X축 / Y축 회전
- 색 : '색 추가(빨강:50, 녹색:150, 파랑:30)'

무서운 용으로부터 성을 지켜라!!

16

무서운 용이 여러분이 살고 있는 성을 침략했어요. 대포를 쏘아 용의 공격을 막아야 해요. 용의 공격을 막지 못해 용이 성에 가까이 오면 성은 함락됩니다. 용의 공격을 피해 성을 지킬 수 있도록 만들어 주세요.

학습 목표
• 장면을 추가할 수 있습니다.
• 자신의 다른 코드를 멈출 수 있습니다.
• 다음 장면이 시작하도록 할 수 있습니다.

실습파일 : 성지키기.ent, GameStart.png   완성파일 : 성지키기(완성).ent

이렇게 코딩해요

새로운 장면을 추가한 후 앞서 만든 게임 시작 그림을 추가하여 게임 시작 장면을 만들고 오브젝트를 클릭하면 다음 장면이 시작되도록 코딩해 보세요.

밝기 변하며 깜빡거리는 오브젝트 클릭시 게임 시작

불을 뿜으며 다가오는 용을 대포로 물리치기

✓ 사용할 주요 블록

블록 꾸러미	명령 블록	설명
흐름	자신의 다른▼ 코드 멈추기	해당 오브젝트 중 이 블록이 포함된 블록들을 제외한 모든 블록이 실행을 멈춥니다.
시작	다음▼ 장면 시작하기	이전 또는 다음 장면을 시작합니다.
	장면이 시작되었을때	장면이 시작되면 아래에 연결된 블록들을 실행합니다.

1 장면 추가하고 장면 이름 바꾸기

❶ 엔트리를 실행하고 [파일]–[오프라인 작품 불러오기]를 선택한 후 [열기] 대화상자가 나타나면 [실습파일]–[16차 시] 폴더에서 '성지키기.ent'를 선택한 다음 [열기] 버튼을 클릭합니다.

❷ 장면을 추가하기 위해 '장면 추가(➕)'를 클릭한 후 [장면 2] 탭을 드래그하여 위치를 맨 앞으로 이동합니다.

❸ 장면 이름을 변경하기 위해 [장면 2] 탭의 글자 부분을 클릭하여 '게임시작'으로 변경하고, [장면 1] 탭의 배경 이름 을 '성지키기'로 변경합니다.

2 오브젝트 추가하기

❶ 배경 오브젝트를 추가하기 위해 ➕ 을 클릭하고 [오브젝트 추가하기] 창이 나타나면 [오브젝트 선택]–[배 경]–[자연]에서 '우주(3)'을 선택한 후 [추가하기]를 클릭한 다음 장면에 꽉 차도록 크기 조절점을 드래그하여 크기 를 변경합니다.

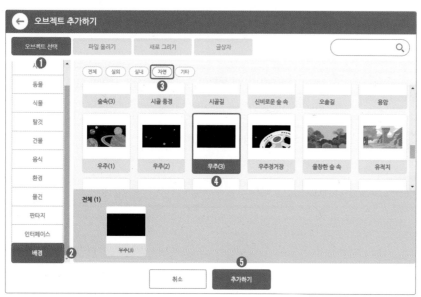

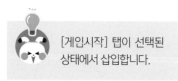

[게임시작] 탭이 선택된 상태에서 삽입합니다.

❷ 'GameStart' 오브젝트를 추가하기 위해 ⬚ + ⬚ 을 클릭하고 [오브젝트 추가하기] 창이 나타나면 [파일 올리기]-[파일 올리기]를 클릭한 후 [열기] 대화상자에서 [실습파일]-[16차시]의 'GameStart.png'를 선택한 다음 [열기] 버튼을 클릭합니다. 다시 [오브젝트 추가하기] 창에서 [추가하기]를 클릭해 오브젝트를 추가한 후 오브젝트의 크기 및 위치를 변경합니다.

3 오브젝트 클릭으로 다음 장면 바꾸기

❶ 오브젝트에 밝기 효과를 계속해서 적용하기 위해 'GameStart' 오브젝트를 클릭한 후 🏁의 ▶ 시작하기 버튼을 클릭했을 때 를 [블록 조립소]로 드래그한 후 ⋀의 계속 반복하기 ⋀ 를 드래그하여 연결합니다.

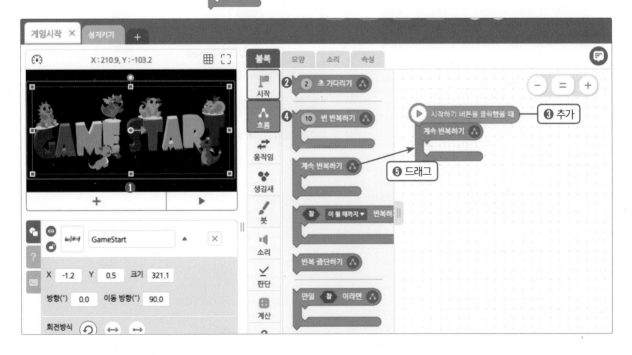

❷ 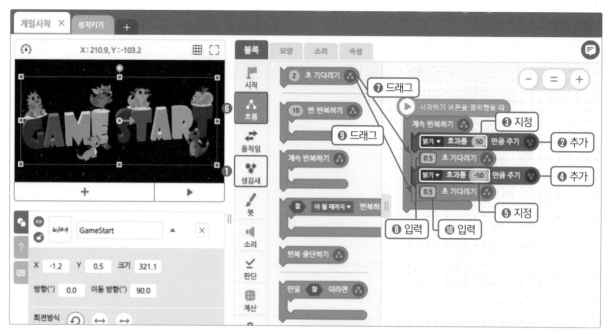 의 색깔▼ 효과를 10 만큼 주기 와 초름 의 2 초 기다리기 블록을 각각 2개씩 연결한 후 효과를 '밝기'로 변경한 후 값을 각각 '50', '−50'으로, 초를 모두 '0.5'초로 변경합니다.

❸ 오브젝트를 클릭했을 때 'GameStart' 오브젝트의 밝기 변화 효과를 멈추기 위해 시작 의 오브젝트를 클릭했을 때 를 드래그하여 추가한 후 초름 의 모든▼ 코드 멈추기 를 연결하고 모든▼을 클릭하고 '자신의 다른'을 선택합니다.

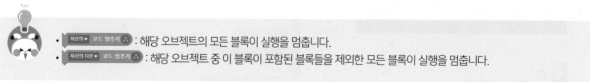

- 자신의▼ 코드 멈추기 : 해당 오브젝트의 모든 블록이 실행을 멈춥니다.
- 자신의 다른▼ 코드 멈추기 : 해당 오브젝트 중 이 블록이 포함된 블록들을 제외한 모든 블록이 실행을 멈춥니다.

④ 자신의 다른 코드를 멈춘 후 다음 장면이 시작되도록 하기 위해 의 [다음▼ 장면 시작하기]를 드래그하여 연결합니다.

<table>
<tr><td></td></tr>
</table>

④ 장면이 바뀌면 용이 공격하기

❶ [성지키기] 탭을 클릭하고 '용' 오브젝트를 선택한 후 의 (장면이 시작되었을때)를 [블록 조립소]로 드래그합니다.

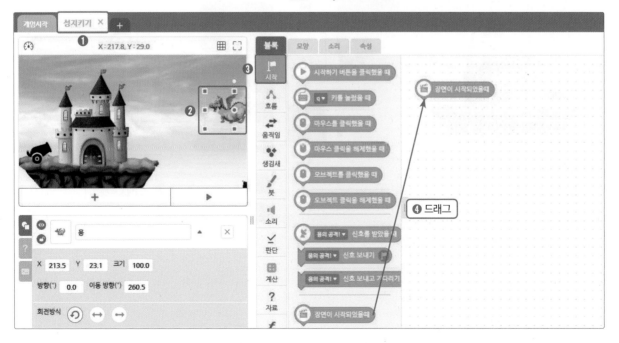

❷ 장면이 시작되면 용은 모양을 숨겼다가 공격 신호를 보내기 위해 [생김새]의 [모양 숨기기]와 [시작]의 [용의 공격▼ 신호 보내기]를 순서대로 드래그하여 연결합니다.

❸ '용' 오브젝트가 1.5초마다 다음 모양으로 계속해서 바뀌도록 만들기 위해 [흐름]의 [계속 반복하기]를 드래그하여 연결한 후 [흐름]의 [② 초 기다리기]와 [생김새]의 [다음▼ 모양으로 바꾸기]를 드래그하여 끼워 넣고 초를 '1.5'초로 수정합니다.

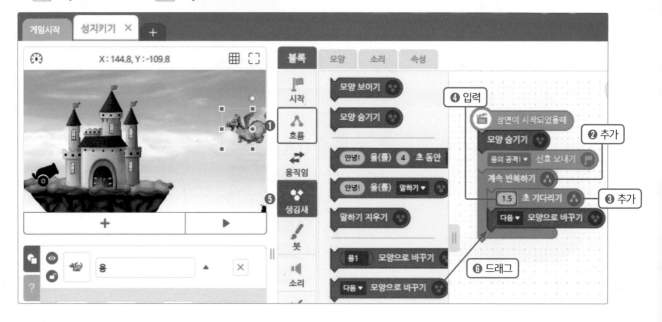

 01 다음의 조건대로 장면을 추가하고 오브젝트를 추가해 크기와 배치를 그림처럼 만들어 보세요.

실습파일 : 성지키기-1.ent, GAMEOVER.png, 불타는성.png   **완성파일** : 성지키기-1(완성).ent

조건

• 장면 추가 : '게임끝'
• 배경 오브젝트 추가 : [오브젝트 선택]-[배경]-[자연]-[구름 세상]
• 오브젝트 추가 : '불타는성.png', 'GAMEOVER.png'

02 [게임끝] 장면이 시작되면 'GAMEOVER' 오브젝트가 보이고 숨기기를 반복하도록 코드를 완성해 보세요.

실습파일 : 성지키기-2.ent   **완성파일** : 성지키기-2(완성).ent

❶ 장면이 시작되었을 때 ➜ ❷ 색깔 효과를 35만큼 주기 ➜ ❸ ❹~❼을 10번 반복하기 ➜ ❹ 모양을 보이기 ➜ ❺ 0.5초 기다리기 ➜ ❻ 모양을 숨기기 ➜ ❼ 0.5초 기다리기

17 짱구 캐릭터 만들기

재은이는 '짱구는 못말려'라는 애니메이션을 너무 좋아합니다. 그래서 짱구가 놀이터에서 노는 모습을 만들고 싶어졌어요. 여러분이 재은이가 좋아하는 짱구 캐릭터를 파워포인트를 이용해 만들어주세요.

- 도형 모양을 삽입하고 변형할 수 있습니다.
- 도형 서식을 설정할 수 있습니다.
- 도형을 복제하고 회전할 수 있습니다.

실습파일 : 짱구만들기(예제).pptx   **완성파일** : 짱구만들기(완성).pptx, 짱구.png

이렇게 만들어요

다양한 도형을 이용해 짱구의 눈코입과 다리를 만들어 주세요. 추가한 도형을 기본 도형으로 설정하여 같은 서식의 도형을 쉽게 만들어 보세요.

✓ 사용할 도구

기능	방법	설명
도형 복사	Ctrl + Shift +드래그	도형을 수평 또는 수직 방향으로 복사합니다.
기본 도형으로 설정	[마우스 오른쪽 버튼]-[기본 도형으로 설정]	기본 도형으로 설정된 도형의 서식이 새로 그리는 도형에 적용됩니다.

① 파워포인트 2016을 실행하고 [실습 파일]-[17차시] 폴더에서 '짱구만들기(예제).pptx' 파일을 불러옵니다.

② 짱구 눈썹을 만들기 위해 [홈] 탭-[그리기] 그룹-[도형]-[선]-[곡선]을 선택한 후 클릭을 세 번 하여 곡선을 그립니다. 눈썹이 그려지면 [도형 윤곽선]에서 '검정, 텍스트 1'과 두께 '6pt'를 설정합니다.

③ 오른쪽 눈썹을 하나 더 만들기 위해 Ctrl+드래그하여 복사합니다. 자연스러운 눈썹 방향을 맞추기 위해 회전 조절점을 이용해 회전합니다.

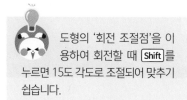

도형의 '회전 조절점'을 이용하여 회전할 때 Shift를 누르면 15도 각도로 조절되어 맞추기 쉽습니다.

④ 짱구 눈을 만들기 위해 [홈] 탭-[그리기] 그룹-[도형]-[기본 도형]-[타원]을 선택하여 드래그합니다. 눈이 그려지면 [도형 채우기]에서 '흰색, 배경 1'을, [도형 윤곽선]에서 '검정, 텍스트 1'과 두께 '2¼pt'를 설정합니다.

❺ 눈 도형의 속성을 앞으로 삽입할 도형에 적용하기 위해 눈 도형 위에서 마우스 오른쪽 버튼을 클릭하고 [기본 도형으로 설정]을 선택합니다.

❻ 눈 안쪽 도형을 만들기 위해 눈 도형을 Ctrl+드래그하여 복사한 후 크기를 조절하고 눈 도형 안쪽으로 배치합니다. 오른쪽 눈을 만들기 위해 Shift를 누르고 눈 도형을 모두 선택한 후 Ctrl+드래그 합니다.

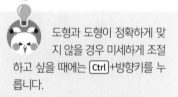
도형과 도형이 정확하게 맞지 않을 경우 미세하게 조절하고 싶을 때에는 Ctrl+방향키를 누릅니다.

❼ 짱구 입을 만들기 위해 눈 도형을 Ctrl+드래그하여 복사한 후 크기를 조절하고 입 위치로 이동합니다.

② **도형을 이용하여 짱구 다리 만들기**

1 짱구 다리를 만들기 위해 [홈]
탭-[그리기] 그룹-[도형]-[순서
도]-[순서도: 종속 처리]를 선택한
후 드래그하여 삽입합니다. 세로 방
향으로 바꿔주기 위해 [정렬]-[회
전]-[오른쪽으로 90도 회전]을 클
릭합니다.

2 다리를 짱구의 바지 아래로 이동한
후 크기를 조절합니다. 바지 뒤로 도
형 순서를 변경하기 위해 [홈]
탭-[그리기] 그룹-[정렬]-[맨 뒤로
보내기]를 클릭합니다.

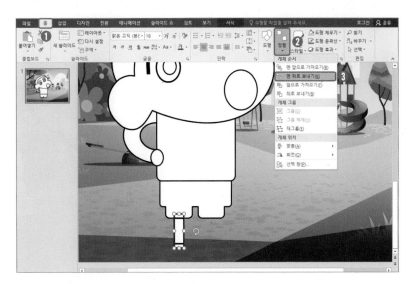

3 같은 방법으로 짱구 발을 만들기 위
해 [홈] 탭-[그리기] 그룹-[도
형]-[순서도]-[순서도: 지연]을 선
택하여 도형을 추가합니다. 이어서
[정렬]-[회전]-[오른쪽으로 90도
회전]을 클릭하여 회전하고 다리 아
래쪽으로 드래그하여 이동합니다.

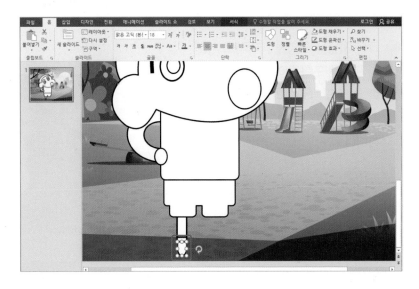

④ 오른쪽 다리도 만들기 위해 다리 도형을 Shift+클릭하여 모두 선택한 후 Ctrl+Shift+드래그하여 복사합니다. 다리를 바지 뒤로 순서를 변경하기 위해 [홈] 탭-[그리기] 그룹-[정렬]-[맨 뒤로 보내기]를 클릭합니다.

3 도형을 그룹 설정하고 그림으로 저장하기

① 도형을 그룹 설정하기 위해 도형 전체를 마우스로 드래그 하여 선택한 후 마우스 오른쪽 버튼을 클릭하여 [그룹화]-[그룹]을 선택합니다.

② 그룹 지정된 도형을 이미지로 저장하기 위해 도형 위에서 마우스 오른쪽 버튼을 클릭하여 [그림으로 저장]을 선택한 후 '짱구.png'로 저장합니다.

캐릭터를 저장할 때 파일 형식을 'png'로 선택하지 않으면 흰색 배경까지 저장되므로 반드시 파일 형식을 'png'로 저장해야 합니다.

01 도형을 이용하여 짱구 친구 흰둥이를 만들고 '흰둥이.png'로 저장해 보세요.

실습파일 : 흰둥이만들기(예제).pptx   완성파일 : 흰둥이만들기(완성).pptx, 흰둥이.png

조건

- **눈썹** [도형] : '원호'
         [도형 윤곽선] : '검정, 텍스트 1'
         [두께] : '2¼pt'

- **눈**   [도형] : '타원'
         [도형 채우기] : '검정, 텍스트 1'
         [도형 윤곽선] : '검정, 텍스트 1'

- **코**   [도형] : '모서리가 둥근 직사각형'
         [도형 채우기] : '검정, 텍스트 1'
         [도형 윤곽선] : '없음'

02 도형을 이용하여 흰둥이 집을 완성하고 '흰둥이집.png'로 저장해 보세요.

실습파일 : 흰둥이집만들기(예제).pptx   완성파일 : 흰둥이집만들기(완성).pptx, 흰둥이집.png

조건

- **집**   [도형] : '양쪽 모서리가 잘린 사각형'
         [도형 채우기] : '흰색, 배경 1'
         [도형 윤곽선] : '검정, 텍스트 1'
         [두께] : '2¼pt'

- **입구** [도형] : '순서도: 지연'/'선'
         [도형 채우기] : '흰색, 배경 1'
         [도형 윤곽선] : '검정, 텍스트 1'
         [두께] : '2¼pt'

- **지붕** [도형] : '1/2 액자'
         [도형 채우기] : '흰색, 배경 1'
         [도형 윤곽선] : '검정, 텍스트 1'
         [두께] : '2¼pt'

18 짱구 캐릭터 색칠하기

재은이는 직접 만든 짱구 캐릭터를 예쁘게 칠해주고 싶었어요. 원하는 색을 선택할 수 있고 색을 잘못 칠하면 지울 수도 있도록 여러분이 도와주세요.

학습 목표
• 프로그램이 시작되었을 때 붓의 초기값을 설정할 수 있습니다.
• 오브젝트를 클릭했을 때 붓이 마우스를 따라다니도록 할 수 있습니다.
• 마우스를 이용해 그림을 그릴 수 있습니다.

실습파일 : 색칠하기(예제).ent   **완성파일** : 색칠하기(완성).ent

이렇게 코딩해요

마우스 포인터를 따라다니는 붓으로 색을 선택하고 칠하기

✓ 사용할 주요 블록

블록 꾸러미	명령 블록	설 명
붓	붓의 색을 ☐ (으)로 정하기	붓의 색을 지정한 색으로 정합니다.
	붓의 굵기를 5 (으)로 정하기	붓의 굵기를 입력한 값으로 정합니다.
	그리기 멈추기	오브젝트가 그리기를 멈춥니다.
	그리기 시작하기	오브젝트가 그리기를 시작합니다.
시작	오브젝트를 클릭했을 때	오브젝트를 클릭했을 때 연결된 블록들을 실행합니다.

1 붓 색과 굵기 설정하기

➊ 엔트리를 실행하고 [파일]–[오프라인 작품 불러오기]를 선택한 후 [열기] 대화상자가 나타나면 [실습파일]–[18차
시] 폴더에서 '색칠하기(예제).ent'를 선택하고 [열기] 버튼을 클릭합니다.

➋ '붓' 오브젝트를 선택하고 🏴 의 ▶ 시작하기 버튼을 클릭했을 때 를 [블록 조립소]로 드래그하여 블록을 추가합니다. 붓의 색을
지정하기 위해 🖌 의 붓의 색을 ⬜ (으)로 정하기 🖌 를 [블록 조립소]로 드래그하여 연결한 후 색을 클릭하여 '흰색'으로 변
경합니다.

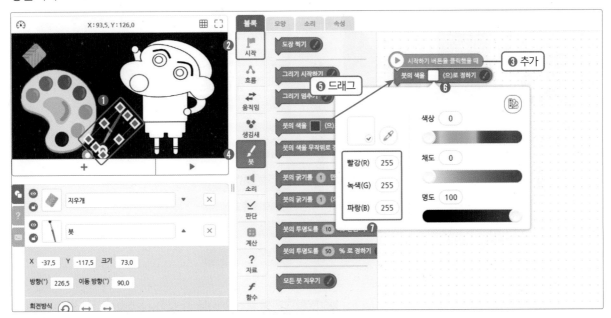

➌ 붓의 굵기를 설정하기 위해 🖌 의 붓의 굵기를 ① (으)로 정하기 🖌 를 드래그하여 연결한 후 값을 '5'로 변경합니다.

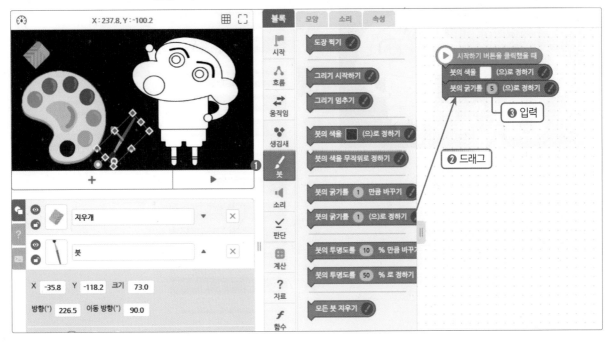

2 붓을 마음대로 움직이며 색칠하기

❶ '붓' 오브젝트를 클릭했을 때 반복하여 마우스를 따라 움직이도록 하기 위해 [시작]의 [오브젝트를 클릭했을 때]를 드래그한 후 반복하여 실행되도록 [흐름]의 [계속 반복하기]를 연결합니다.

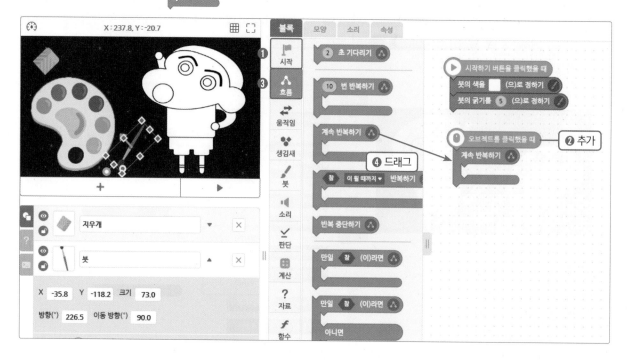

❷ 붓이 마우스를 따라다니도록 하기 위해 [움직임]의 [지우개▼ 위치로 이동하기]를 반복 블록 안에 연결한 후 '마우스포인터'로 변경합니다.

❸ 마우스를 클릭했는지 여부를 판단하기 위해  의 블록을 연결하고, 의 마우스를 클릭했는가? 를 조건 블록에 끼워 넣습니다.

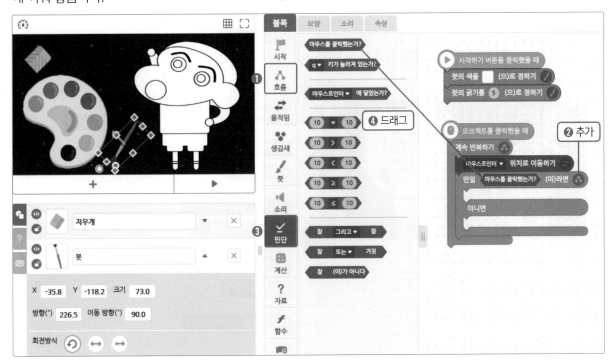

❹ 마우스를 클릭했을 때 색칠이 되도록 만들기 위해 의 그리기 시작하기 를 연결하고, 마우스를 클릭하지 않았을 때 그리기를 멈추기 위해 아니면 영역에 의 그리기 멈추기 를 연결합니다.

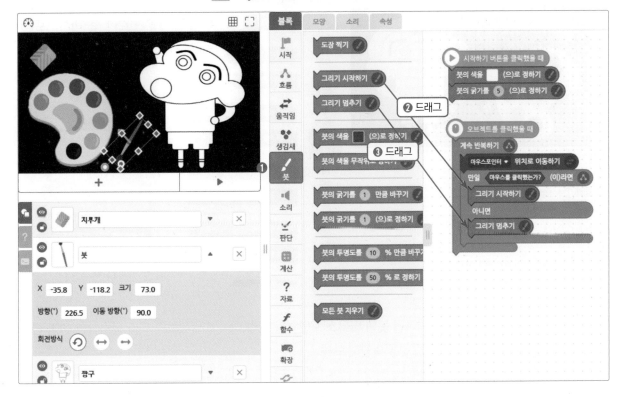

❶ 위쪽 화살표를 누르면 붓의 굵기를 굵게 만들기 위해 시작 의 ⟨ q ▾ 키를 눌렀을 때 ⟩를 드래그한 후 'q'를 '위쪽 화살표'로 변경하고, 붓 의 ⟨ 붓의 굵기를 1 만큼 바꾸기 ⟩를 연결합니다.

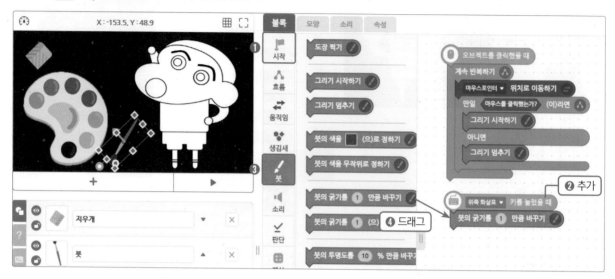

❷ 아래쪽 화살표 키를 누르면 붓의 굵기를 가늘게 만들기 위해 완성된 블록 위에서 [마우스 오른쪽 버튼]을 클릭하고 [코드 복사 & 붙여넣기]를 선택합니다. 복사된 코드에서 '위쪽 화살표'를 '아래쪽 화살표'로, '1'을 '-1'로 변경합니다.

❸ [시작하기]를 클릭하여 붓을 클릭하면 붓이 마우스 포인터를 따라 다니고 팔레트의 색을 클릭하면 색이 변경되고 화살표 키로 붓의 굵기가 변경되는 것을 확인해 보세요.

예제에는 팔레트의 색을 클릭하면 붓의 색이 변경되는 코드가 미리 만들어져 있습니다.

01 지우개를 클릭하면 모든 색칠이 지워지도록 코딩해 보세요.

실습파일 : 지우개(예제).ent   완성파일 : 지우개(완성).ent

❶ [속성] 탭-[신호]에서 '지우기' 신호 추가 ➔ ❷ '지우개' 오브젝트를 클릭했을 때 ➔ ❸ '지우기' 신호 보내기 ➔ ❹ '붓' 오브젝트에서 '지우기' 신호를 받았을 때 ➔ ❺ 모든 붓 지우기

 힌트

• ❶~❷는 '지우개' 오브젝트를 클릭한 상태에서 코딩하고 ❸~❺는 '붓' 오브젝트를 클릭한 상태에서 코딩합니다.
• '지우개' 오브젝트를 클릭할 때 '붓' 모양이 '지우개' 아래쪽으로 들어갈 경우 '지우개' 오브젝트를 '붓' 오브젝트 아래로 드래그하여 이동하면 됩니다.
• 오브젝트를 클릭했을 때 , 대상 없음▼ 신호 보내기 , 모든 붓 지우기 블록을 활용해 코드를 완성합니다.

02 이미지를 추가하고 키보드의 숫자(1, 2, 3)키를 누르면 이미지가 변경되도록 코드를 완성해 보세요.

실습파일 : 그림추가하기(예제).ent, 흰둥이.png, 흰둥이집.png   완성파일 : 그림추가하기(완성).ent

❶ '짱구' 오브젝트의 [모양] 탭에서 '흰둥이'와 '흰둥이집' 이미지 추가하기 ➔ ❷ '1' 키를 눌렀을 때 ➔ ❸ '짱구' 모양으로 바꾸기 ➔ ❹ '2' 키를 눌렀을 때 ➔ ❺ '흰둥이' 모양으로 바꾸기 ➔ ❻ '3' 키를 눌렀을 때 ➔ ❼ '흰둥이집' 모양으로 바꾸기

19 부릉부릉 자동차 만들기

재우는 자동차에 관심이 많아 커서 자동차와 관련된 직업을 갖고 싶어요. 여러분이 파워포인트를 이용해 멋진 자동차를 만들어 재우에게 선물해주면 어떨까요?

 학습목표
- 만들어져 있는 도형을 조합해 그림을 완성할 수 있습니다.
- 도형을 정렬할 수 있습니다.
- 도형의 순서를 바꿀 수 있습니다.

실습파일 : 자동차만들기(예제).pptx   **완성파일** : 자동차만들기(완성).pptx, 자동차.png

이렇게 만들어요

만들어져 있는 도형의 순서를 변경하고 정렬하여 자동차를 만들고 자동차 바퀴를 달아 예쁜 자동차를 완성해 보세요.

☑ 사용할 도구

기능	방법	설명
도형 순서	[홈] 탭-[그리기] 그룹-[정렬]-[개체 순서]	개체 순서를 원하는 위치로 보낼 수 있습니다.
도형 맞춤	[홈] 탭-[그리기] 그룹-[정렬]-[개체 위치]-[맞춤]	개체를 기준으로 다양하게 정렬할 수 있습니다.

1. 파워포인트 2016을 실행하고 [실습 파일]−[19차시] 폴더에서 '자동차 만들기(예제).pptx' 파일을 불러옵니다.

2. 자동차의 앞 유리를 만들기 위해 아래쪽에 있는 앞 유리 도형을 선택하여 자동차의 몸체쪽으로 드래그합니다.

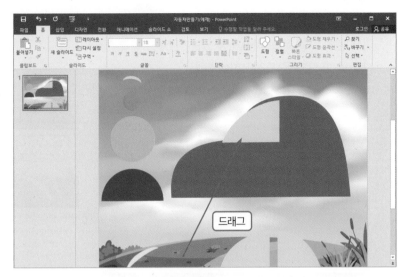

3. 창문 도형을 차 도형보다 뒤로 보내기 위해 [홈] 탭−[그리기] 그룹−[정렬]−[맨 뒤로 보내기]를 클릭한 후 키보드를 이용하여 위치를 조정합니다.

4. 자동차의 창문을 만들기 위해 아래쪽에 있는 창문을 선택하고 드래그하여 배치합니다.

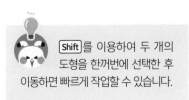

Shift를 이용하여 두 개의 도형을 한꺼번에 선택한 후 이동하면 빠르게 작업할 수 있습니다.

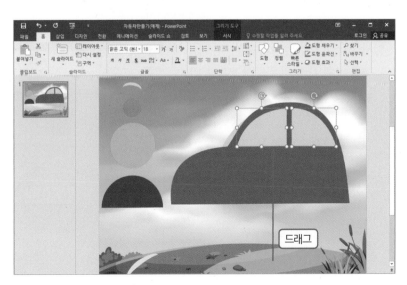

❺ 창문을 정렬하기 위해 도형 2개를 Shift+클릭하여 모두 선택한 후 [홈] 탭-[그리기] 그룹-[정렬]-[맞춤]의 '위쪽 맞춤'을 클릭합니다. 이어서 왼쪽 창문 위로 아래쪽에 있는 광택 효과 도형을 드래그하여 배치합니다.

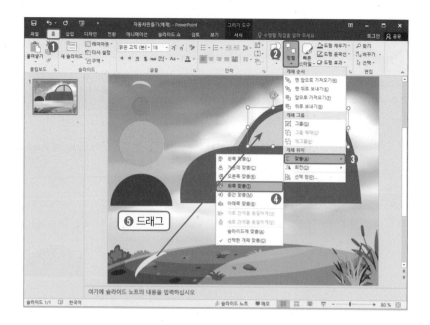

2 자동차 바퀴 만들기

❶ 자동차 바퀴 자리를 만들기 위해 반원 도형을 드래그하여 자동차 앞쪽에 배치한 후 Ctrl+Shift+드래그합니다.

❷ 자동차 바퀴를 만들기 위해 바퀴 도형을 바퀴 자리 위로 드래그한 후 바퀴 자리 앞으로 순서를 바꾸기 위해 [홈] 탭-[그리기] 그룹-[정렬]-[맨 앞으로 가져오기]를 클릭합니다.

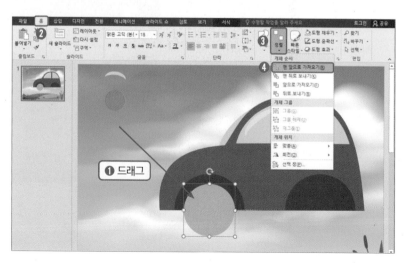

❸ 자동차 휠을 만들기 위해 휠 도형을 바퀴 위로 드래그한 후 바퀴 앞으로 순서를 바꾸기 위해 [홈] 탭-[그리기] 그룹-[정렬]-[맨 앞으로 가져오기]를 클릭합니다.

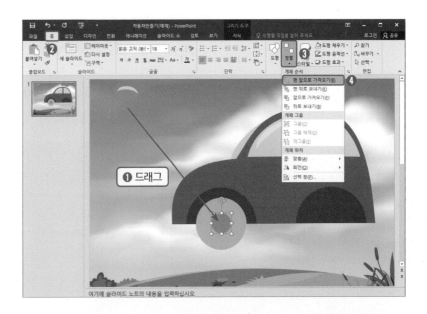

❹ 자동차 바퀴에 광택을 만들기 위해 초승달 모양의 도형을 바퀴 위로 드래그한 후 바퀴 앞으로 순서를 바꾸기 위해 [홈] 탭-[그리기] 그룹-[정렬]-[맨 앞으로 가져오기]를 클릭합니다.

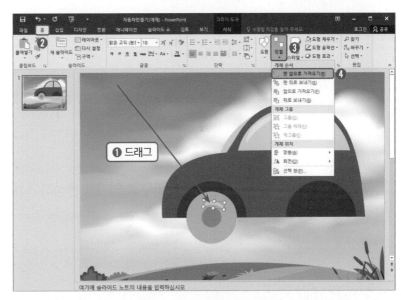

❺ 완성된 바퀴를 오른쪽으로 복제하기 위해 Shift 를 이용해 도형을 모두 선택한 후 Ctrl + Shift +드래그합니다.

❻ 자동차를 그룹 설정하기 위해 마우스로 드래그하여 자동차의 모든 도형을 선택한 후 마우스 오른쪽 버튼을 눌러 [그룹화]-[그룹]을 클릭합니다. 이어서 [마우스 오른쪽 버튼]-[그림으로 저장]을 클릭하여 '자동차.png'로 저장합니다.

01 자동차의 다양한 부품들을 배치하여 완성하고 png 파일로 저장해 보세요.

실습파일 : 자동차꾸미기(예제).pptx   **완성파일** : 자동차꾸미기(완성).pptx, 자동차1.png

힌트

자동차 뒤로 부품 도형이 위치하면 [홈] 탭-[그리기] 그룹-[정렬]-[맨 앞으로 가져오기]를 적용합니다.

02 도형을 추가해 자동차의 배기구와 연기를 완성하고 png 파일로 저장해 보세요.

실습파일 : 자동차출발(예제).pptx   **완성파일** : 자동차출발(완성).pptx, 자동차2.png

조건

• 배기구
  [도형] : '사다리꼴'
  [도형 채우기] : '흰색, 배경 1, 35%
            더 어둡게'
  [도형 윤곽선] : '윤곽선 없음'
  [정렬]-[회전]-[왼쪽으로 90도 회
  전], [정렬]-[개체 순서]-[맨 뒤로 보
  내기]

• 연기
  [도형] : '구름'
  [도형 채우기] : '흰색, 배경 1, 15%
            더 어둡게'
  [도형 윤곽선] : '윤곽선 없음'

자동차로 미로 통과하기

재우는 직접 만든 자동차를 이용해 미로 탈출 놀이를 해 보고 싶었어요. 복잡한 미로에서 자동차를 이용해 도착 지점까지 잘 찾아갈 수 있도록 여러분이 도와주세요.

학습목표
- 자동차의 모양을 회전할 수 있습니다.
- 움직이면서 모양을 바꿀 수 있습니다.
- 장애물을 만나면 처음부터 다시 실행할 수 있습니다.

실습파일 : 미로통과하기(예제).ent   완성파일 : 미로통과하기(완성).ent

이렇게 코딩해요

자동차는 스페이스 키로 이동 방향을 바꾸고, 오른쪽/왼쪽 화살표 키로 앞뒤로 움직일 수 있어요. 크기가 바뀌는 물풍선과 모양을 보였다가 숨겼다가 하는 폭탄을 피해서 도착 지점까지 갈 수 있도록 코딩해 보세요.

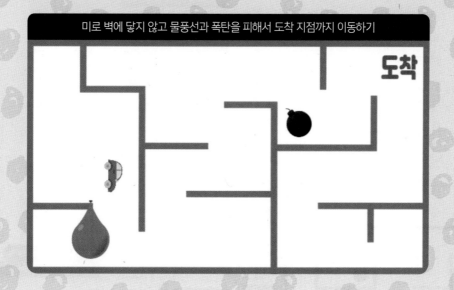

미로 벽에 닿지 않고 물풍선과 폭탄을 피해서 도착 지점까지 이동하기

✅ 사용할 주요 블록

블록 꾸러미	명령 블록	설 명
움직임	방향을 90° 만큼 회전하기	방향을 입력한 값만큼 회전합니다.
생김새	다음 ▼ 모양으로 바꾸기	오브젝트의 모양을 다음 모양으로 바꿉니다.
흐름	처음부터 다시 실행하기	오브젝트의 모든 동작을 멈추고 처음부터 다시 실행합니다.

1 자동차 회전하고 움직이기

❶ 엔트리를 실행하고 [파일]-[오프라인 작품 불러오기]를 선택한 후 [열기] 대화상자가 나타나면 [실습파일]-[20차시] 폴더에서 '미로통과하기(예제).ent'를 선택한 다음 [열기] 버튼을 클릭합니다.

❷ 스페이스 키를 누르면 자동차가 회전하도록 만들기 위해 의 (q▼ 키를 눌렀을 때)를 추가한 후 'q'를 '스페이스'로 변경하고, 의 (방향을 90° 만큼 회전하기)를 연결합니다.

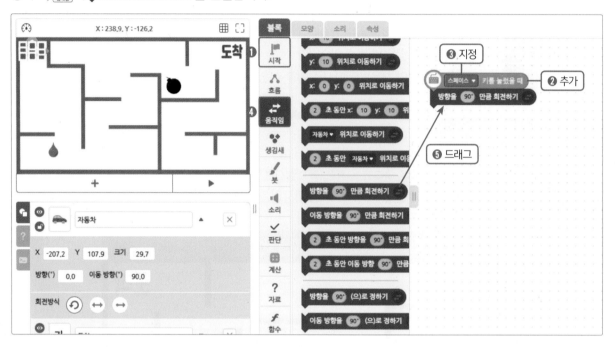

❸ 화살표 키를 누르면 자동차가 움직이도록 만들기 위해 의 (q▼ 키를 눌렀을 때)를 추가한 후 'q'를 '오른쪽 화살표'로 변경하고, 의 (이동 방향으로 10 만큼 움직이기)를 연결합니다.

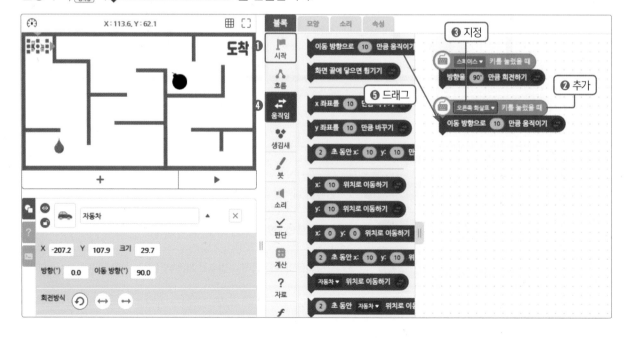

④ 이동 방향으로 움직이면서 다음 모양으로 바뀌도록 하기 위해 생김새의 다음▼ 모양으로 바꾸기 를 연결합니다.

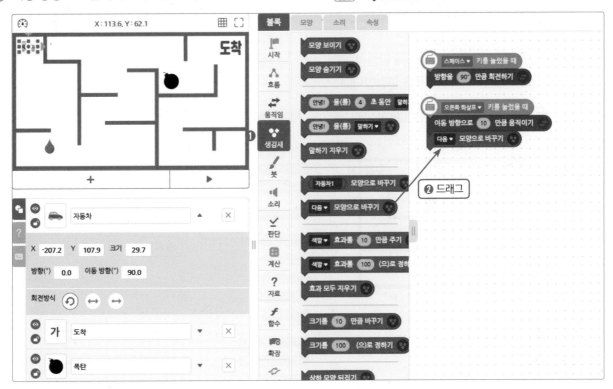

⑤ 왼쪽 화살표 키를 누르면 반대 방향으로 움직이도록 만들기 위해 완성된 블록 위에서 [마우스 오른쪽 버튼]-[코드 복사 & 붙여넣기]를 선택합니다. 복사된 코드를 '왼쪽 화살표'와 '-10'으로 변경합니다.

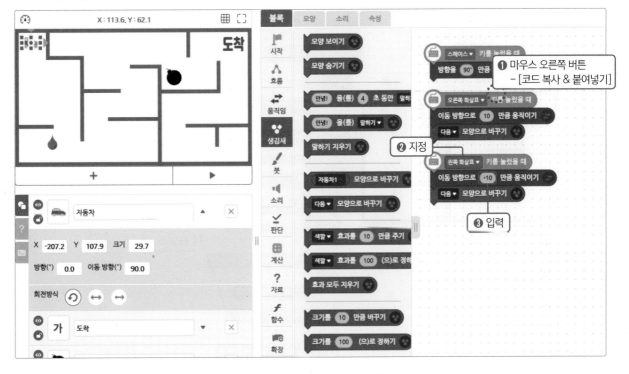

② 미로 미션 완성하기

❶ 미로에 차가 닿을 때까지 기다리도록 만들기 위해 '미로' 오브젝트를 선택하고 [시작]의 ▶ 시작하기 버튼을 클릭했을 때 를 추가한 후 [흐름]의 ◀ 참 이(가) 될 때까지 기다리기 ◢ 를 연결합니다.

❷ [판단]의 ◀ 마우스포인터 ▾ 에 닿았는가? 를 참 에 끼워 넣은 후 '자동차'로 변경합니다.

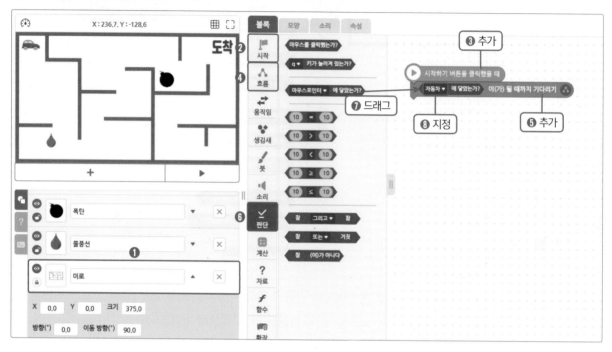

❸ 미로에 닿으면 처음부터 시작하도록 [흐름]의 처음부터 다시 실행하기 ◢ 를 드래그하여 연결합니다.

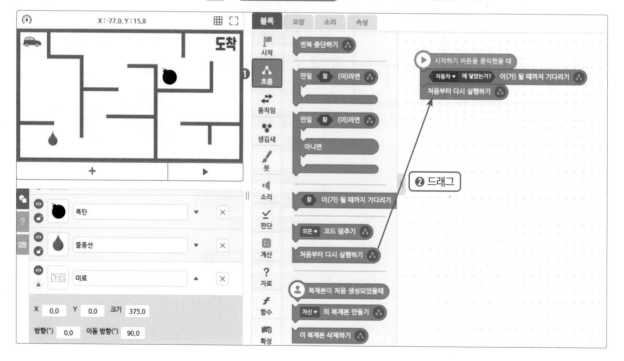

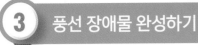 풍선 장애물 완성하기

① 풍선의 크기가 계속 변하도록 만들기 위해 '물풍선' 오브젝트를 선택하고 [시작]의 ▶ 시작하기 버튼을 클릭했을 때 와 [흐름]의 계속 반복하기 ∧ 를 드래그하여 연결합니다.

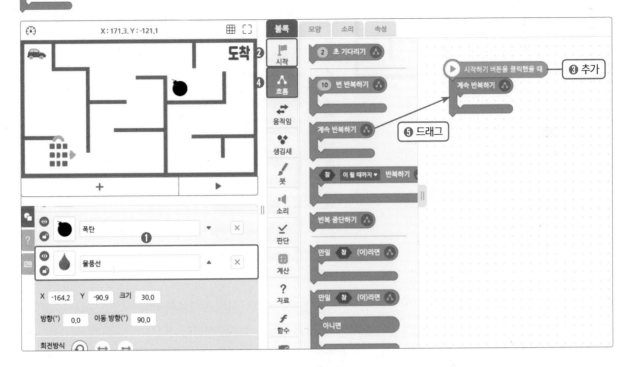

② [흐름]의 10 번 반복하기 ∧ 를 반복 블록 안에 연결하고 [생김새]의 크기를 10 만큼 바꾸기 를 연결하고 값을 '3'으로 변경합니다.

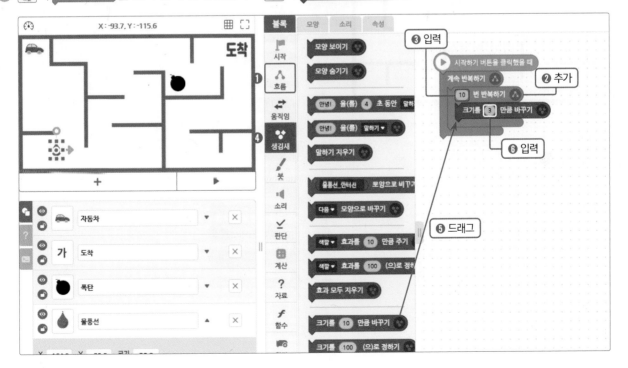

❸ 크기가 바뀌는 속도를 조절하기 위해 의 초 기다리기 를 드래그하여 연결한 후 초를 '0.2'초로 변경합니다.

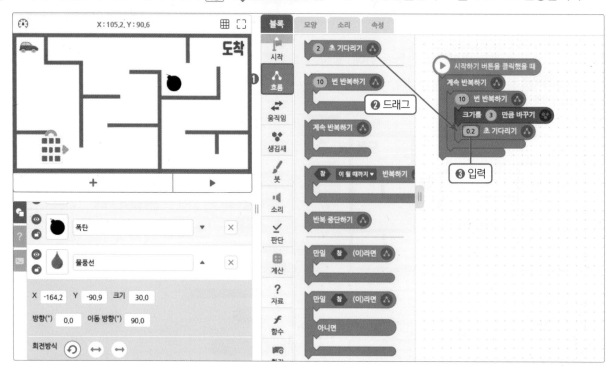

❹ 같은 간격으로 크기가 작아지도록 만들기 위해 완성된 블록 위에서 [마우스 오른쪽 버튼]-[코드 복사 & 붙여넣기]를 선택해 블록을 복사합니다. 그림과 같이 배치한 후 크기 값을 '-3'으로 변경합니다.

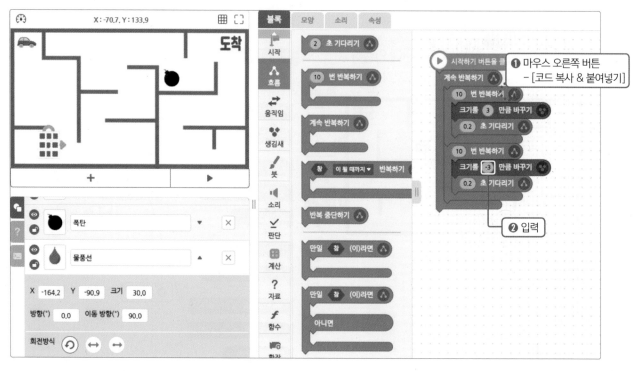

01 미로 배경이 2초마다 색깔이 변경되도록 코드를 완성해 보세요.

실습파일 : 미로추가하기(예제).ent　　　완성파일 : 미로추가하기(완성).ent

❶ 시작하기 버튼을 클릭했을 때 ➜ ❷ ❸~❹를 계속 반복하기 ➜ ❸ 2초 기다리기 ➜ ❹ 색깔 효과를 10만큼 바꾸기

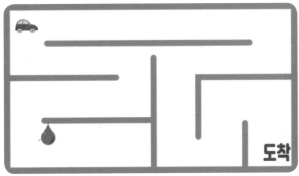

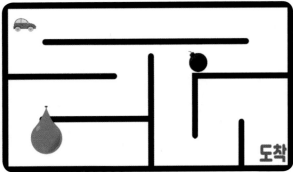

02 미로를 통과해 '도착' 오브젝트에 닿을 때마다 미로 모양이 바뀌고 처음부터 다시 실행하도록 코드를 완성해 보세요.

실습파일 : 미로변경하기(예제).ent　　　완성파일 : 미로변경하기(완성).ent

❶ [속성] 탭-[신호]에서 '성공' 신호 추가하기

'도착' 오브젝트

❶ 시작하기 버튼을 클릭했을 때 ➜ ❷ ❸이 될 때까지 기다리기 ➜ ❸ 자동차에 닿았는가? ➜ ❹ '성공' 신호 보내기

'미로' 오브젝트

❶ '성공' 신호를 받았을 때 ➜ ❷ 다음 모양으로 바꾸기 ➜ ❸ 처음부터 다시 실행하기

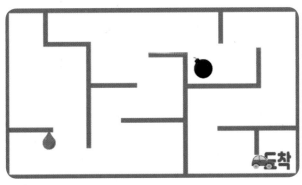

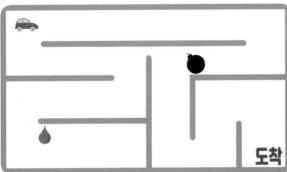

힌트

위쪽 화살표와 아래쪽 화살표 키를 누르면 '자동차' 오브젝트의 크기가 바뀌어요.

21 숫자 뽑기 기계 만들기

지원이는 뽑기방을 지나다 본 뽑기 기계를 직접 만들어보고 싶어졌어요. 숫자 뽑기 기계를 만들려면 숫자 공과 뽑기 기계를 함께 만들어야 해요. 여러분이 파워포인트를 이용해 재미있는 숫자 뽑기 기계를 만들어주세요.

학습목표
- 새로운 슬라이드를 추가할 수 있습니다.
- Shift 를 이용하여 도형을 그릴 수 있습니다.
- 3차원 서식을 설정할 수 있습니다.

실습파일 : 뽑기기계(예제).pptx   완성파일 : 뽑기기계(완성).pptx, 공1~9.png, 뽑기기계.png, 뽑기기계유리.png

이렇게 만들어요

타원 도형을 그리고 3차원 서식을 적용해 입체감 있는 공을 만들고 공이 돌아갈 뽑기 기계까지 함께 만들어 보세요.

✅ 사용할 도구

기능	방법	설명
새 슬라이드	[홈] 탭-[슬라이드] 그룹-[새 슬라이드]	선택되어 있는 슬라이드 다음에 새 슬라이드를 추가할 수 있습니다.
도형 서식	[도형 서식] 창	도형 채우기, 도형 윤곽선, 3차원 서식 등을 지정할 수 있습니다.
원 그리기	Shift +드래그	원이나 정사각형 등을 그릴 수 있습니다.

타원으로 공 만들기

① 파워포인트 2016을 실행하고 [실습 파일]-[21차시] 폴더에서 '뽑기기계(예제).pptx' 파일을 불러옵니다.

② 공을 만들기 위해 [홈] 탭-[그리기] 그룹-[도형]-[기본 도형]-[타원]을 클릭하고 Shift +드래그하여 원을 그린 후 마우스 오른쪽 버튼을 눌러 [도형 서식]을 클릭합니다.

③ [도형 서식] 창이 나타나면 [도형 옵션]-[채우기 및 선]-[채우기]-[단색 채우기]를 선택한 후 '채우기 색'에서 '빨강'을, [선]-[선 없음]을 선택합니다. 다시 [도형 옵션]-[효과]-[3차원 서식]에서 [위쪽 입체]-[둥글게]를 선택하고 '너비'와 '높이'를 각각 '50pt'로 설정한 후 [닫기(✕)]를 클릭합니다.

④ 효과가 지정된 도형에 숫자를 입력하고 [홈] 탭-[글꼴] 그룹에서 글꼴 'HY견고딕', 크기 '28pt', '텍스트 그림자'를 설정합니다. 이어서 Ctrl + Shift +드래그하여 공을 8개 더 복제하고 그림처럼 숫자를 입력합니다.

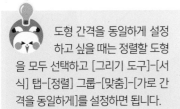
도형 간격을 동일하게 설정하고 싶을 때는 정렬할 도형을 모두 선택하고 [그리기 도구]-[서식] 탭-[정렬] 그룹-[맞춤]-[가로 간격을 동일하게]를 설정하면 됩니다.

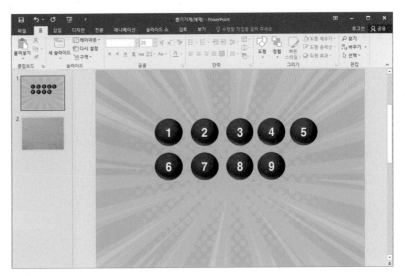

❺ 공에 각각 다른 색을 설정하기 위해 '2'번부터 '9'번까지 각각 선택한 후 [홈] 탭-[그리기] 그룹-[도형 채우기]에서 '주황', '노랑', '연한 녹색', '녹색', '연한 파랑', '파랑', '자주', '연보라'를 차례로 설정합니다. 이어서 [마우스 오른쪽 버튼]-[그림으로 저장]을 선택하여 '공1~공9.png'로 각각 저장합니다.

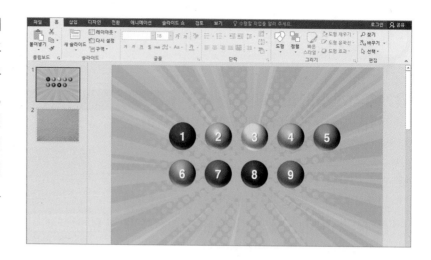

② 뽑기 기계 만들기

① 2번 슬라이드를 선택한 후 뽑기 기계의 받침대를 만들기 위해 [홈] 탭-[그리기] 그룹-[도형]-[기본 도형]-[이등변 삼각형]을 클릭하고 드래그하여 삼각형을 그려줍니다.

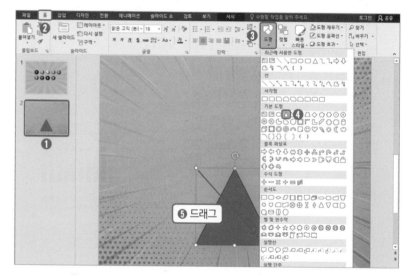

② 뽑기 기계 중 공이 들어갈 통을 만들기 위해 [홈] 탭-[그리기] 그룹-[도형]-[기본 도형]-[타원]을 선택한 후 Shift +드래그하여 그려줍니다. 도형이 그려지면 [도형 채우기]에서 '흰색, 배경 1'로 설정합니다.

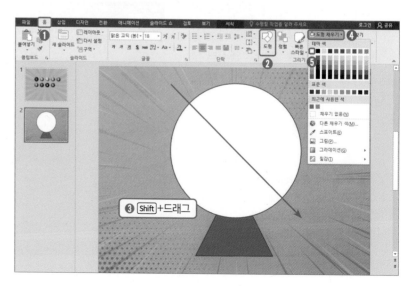

❸ 뽑기 기계의 앞 유리를 만들기 위해 원 도형을 선택한 후 Ctrl + C, Ctrl + V를 눌러 복사합니다.

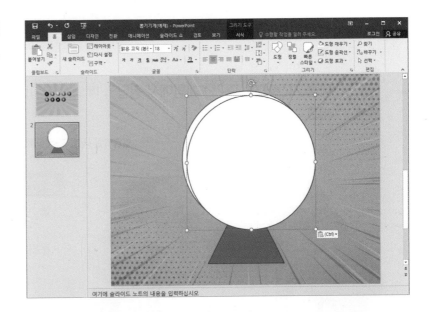

❹ 유리처럼 만들기 위해 [홈] 탭-[그리기] 그룹-[도형 채우기]에서 '진한 파랑, 텍스트 2, 80% 더 밝게'를 지정한 후 3차원 서식을 설정하기 위해 마우스 오른쪽 버튼을 눌러 [도형 서식]을 클릭합니다.

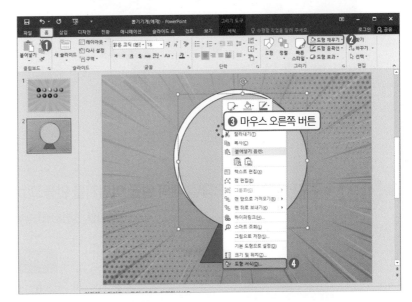

❺ [도형 서식] 창이 나타나면 [도형 옵션]-[효과]-[3차원 서식]에서 [위쪽 입체]-[둥글게]를 선택하고 '너비'와 '높이'를 각각 '50pt'로 설정하고, [재질]은 '투명하게', 조명은 '대조적으로'를 각각 설정한 후 [닫기 (✕)]를 클릭합니다.

❻ [마우스 오른쪽 버튼]을 클릭하고 [그림으로 저장]을 선택하여 '뽑기기계유리.png'로 저장합니다. ❷에서 만든 뽑기 기계도 '뽑기기계.png'로 저장합니다.

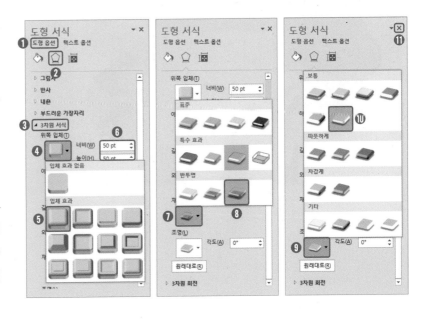

01 다음 시간에 할 구구단 게임에서 정답일 때의 얼굴 이미지를 만들고 png 파일로 저장해 보세요.

실습파일 : 정답&오답(예제).pptx   완성파일 : 정답(완성).pptx, 정답.png

조건

- 눈
  [도형] : '타원'
  [도형 채우기] : '검정, 텍스트 1'
- 볼터치
  [도형] : '타원'
  [도형 채우기] : '사용자 지정 R-255, G-167, B-255'
  [도형 윤곽선] : 윤곽선 없음
  [도형 효과] : '부드러운 가장자리 10 포인트'
- 입
  [도형] : '원호', '달', '타원'
  [도형 채우기] : '검정, 텍스트 1', '빨강', '사용자 지정 R-255, G-153, B-204'

02 구구단 게임에서 오답일 때의 얼굴 이미지를 만들고 png 파일로 저장해 보세요.

실습파일 : 정답&오답(예제).pptx   완성파일 : 오답(완성).pptx, 오답.png

조건

- 눈
  [도형] : '타원'
  [도형 채우기] : '검정, 텍스트 1'
  [도형 윤곽선] : 윤곽선 없음
- 볼터치
  [도형] : '타원'
  [도형 채우기] : '사용자 지정 R-255, G-167, B-255'
  [도형 효과] : '부드러운 가장자리 10 포인트'
- 입
  [도형] : '원호', '선'
  [도형 윤곽선] : '검정, 텍스트 1'
  [두께] : '3pt'

재미있는 구구단 게임

22

지원이는 직접 만든 숫자 뽑기 기계에서 임의로 뽑히는 숫자를 이용해 구구단 놀이를 하고 싶어 졌어요. 여러분이 구구단 문제를 내고 답을 맞춰보는 구구단 놀이를 코딩으로 만들어볼까요?

학습목표

- 오브젝트가 상황에 따라 말할 수 있습니다.
- 오브젝트를 클릭했을 때 모양이 바뀌도록 할 수 있습니다.
- 오브젝트의 모양이 계속 바뀌도록 할 수 있습니다.

실습파일 : 구구단게임(예제).ent　　　완성파일 : 구구단게임(완성).ent

이렇게 코딩해요

버튼을 누르면 뽑기 기계에서 공들이 돌아다니고 다시 버튼을 눌러 임의의 숫자가 뽑히면 두 수의 곱을 입력해 정답이면 "맞았어!!"를 답이 틀렸다면 "틀렸어"를 말하도록 코딩해 보세요.

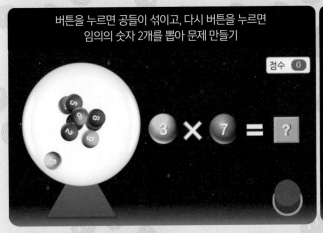

버튼을 누르면 공들이 섞이고, 다시 버튼을 누르면 임의의 숫자 2개를 뽑아 문제 만들기

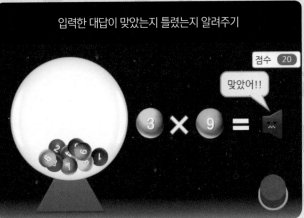

입력한 대답이 맞았는지 틀렸는지 알려주기

✔ 사용할 주요 블록

블록 꾸러미	명령 블록	설 명
생김새	안녕! 을(를) 4 초 동안 말하기 ▼	입력한 텍스트를 지정한 초 동안 말합니다.
시작	오브젝트를 클릭했을 때	오브젝트를 클릭했을 때 연결된 블록들이 실행됩니다.
흐름	계속 반복하기	안쪽에 포함하고 있는 블록들을 계속 반복해서 실행합니다.

1 정답인지 아닌지에 따라 다르게 말하기

① 엔트리를 실행하고 [파일]-[오프라인 작품 불러오기]를 선택한 후 [열기] 대화상자가 나타나면 [실습파일]-[22차시] 폴더에서 '구구단게임(예제).ent'를 선택하고 [열기] 버튼을 클릭합니다.

② 게임이 시작되면 '돌림기계유리'가 말하도록 하기 위해 '돌림기계유리' 오브젝트를 선택하고 🏳의 ▶시작하기 버튼을 클릭했을 때 를 추가한 후 💥의 안녕! 을(를) 4 초 동안 말하기 를 연결하고 말을 "버튼을 눌러봐!!"로, 초를 '2' 초로 변경합니다.

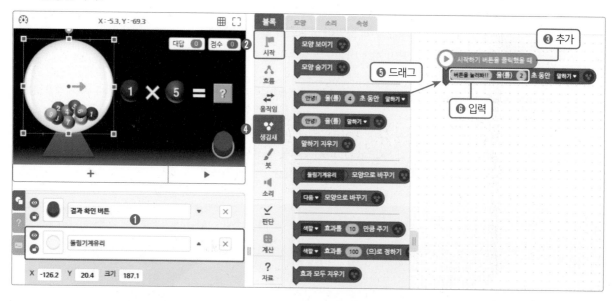

③ 문제를 맞혔을 때와 틀렸을 때에 말할 수 있도록 🏳의 🏴 오답▼ 신호를 받았을 때 를 추가하고 신호를 '정답'으로 변경한 후 💥의 안녕! 을(를) 4 초 동안 말하기 를 연결하고 말을 "버튼을 눌러봐!!"로, 초를 '2'초로 변경합니다.

 예제에서는 '정답'과 '오답' 신호가 만들어져 있습니다.

④ 의 오답▼ 신호를 받았을 때 를 추가하고 생김새 의 안녕! 을(를) 4 초 동안 말하기▼ 를 연결하고 말을 "다시 풀어봐!!"로, 초를 '2'초로 변경합니다.

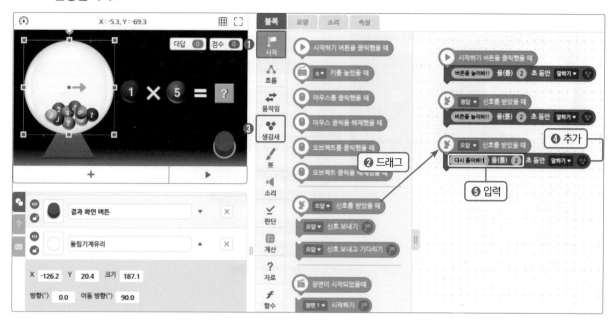

② 오브젝트를 클릭할 때 모양 바꾸기

① '결과 확인 버튼'을 클릭할 때 모양을 바꾸기 위해 '결과 확인 버튼' 오브젝트를 선택하고 시작 의 ⓞ 오브젝트를 클릭했을 때 를 추가한 후 생김새 의 결과 확인 버튼_1 모양으로 바꾸기 를 연결하고 모양을 '결과 확인 버튼_2'로 변경합니다.

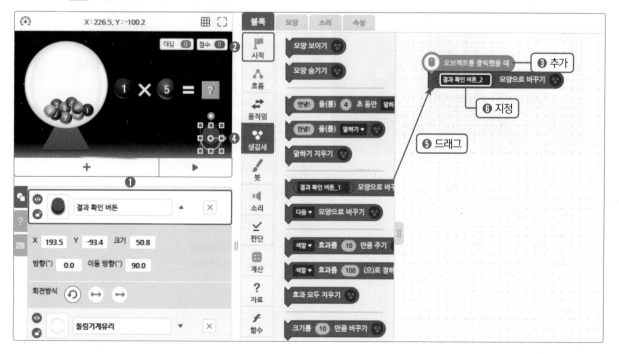

❷ 버튼 모양이 바뀌는 시간 간격을 주기 위해 `흐름` 의 `2 초 기다리기` 를 연결하고 초를 '0.1'초로 변경한 후 `생김새` 의 `결과 확인 버튼_1 모양으로 바꾸기` 를 연결합니다.

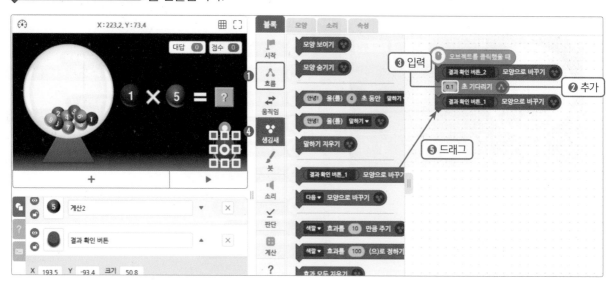

---

③ 숫자 공 모양을 계속 바꾸기

❶ '결과 확인 버튼'을 클릭하면 '계산1' 오브젝트의 모양을 바꾸기 위해 '계산1' 오브젝트를 선택하고 `시작` 의 `오답 ▼ 신호를 받았을 때` 를 추가하여 신호를 '시작'으로 변경한 후 `흐름` 의 `계속 반복하기` 를 연결합니다.

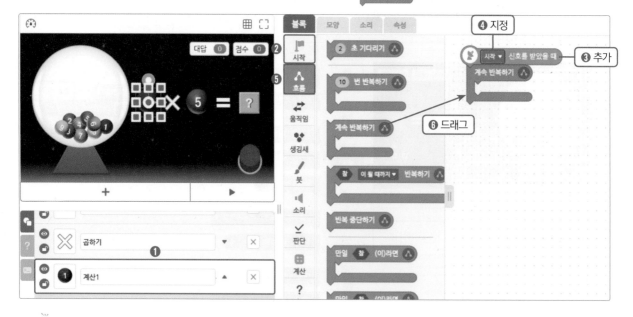

 예제에는 버튼을 처음 누르면 숫자 뽑기 통의 공이 회전하고 두 번째 누르면 공이 멈추면서 임의의 수를 표시하는 모양으로 바뀌도록 코딩이 되어 있습니다. 여기서는 처음 눌렀을 때 곱하기의 공 숫자가 변경되는 코드를 만듭니다.

❷ 숫자가 바뀌는 데 시간 간격을 주기 위해 🔺의 <kbd>② 초 기다리기</kbd>를 연결하고 초를 '0.1'초로 변경한 후 '계산1' 오브젝트의 모양을 변경하기 위해 🟣의 <kbd>다음▾ 모양으로 바꾸기</kbd>를 연결합니다.

❸ '계산2' 오브젝트도 모양을 변경하기 위해 <kbd>시작▾ 신호를 받았을 때</kbd> 블록 위에서 [마우스 오른쪽 버튼]-[코드 복사]를 선택한 후 '계산2' 오브젝트를 클릭하고 [블록 조립소] 위에서 [마우스 오른쪽 버튼]-[붙여넣기]를 선택합니다.

❹ [실행하기]를 클릭해 버튼을 클릭하면 뽑기 기계에서 공이 돌아다니고 곱하기의 공 모양이 바뀌다가 다시 버튼을 클릭하면 뽑기 기계의 공이 멈추고 공에 임의의 숫자가 나타나는지 확인해 보세요. 정답을 입력하면 "맞았어!!"라고 말하고 틀린 답을 입력하면 "틀렸어!!"라고 말하는 구구단 뽑기 코드가 잘 동작하나요?

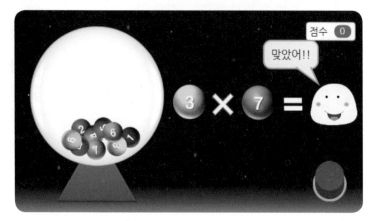

혼자서 미션 해결하기

01 구구단 게임에 '정답'과 '오답' 이미지를 추가해 봅니다.

실습파일 : 구구단게임(정답오답예제).ent, 정답.png, 오답.png　완성파일 : 구구단게임(정답오답완성).ent

❶ '스피커' 오브젝트 선택 후 [모양] 탭에 [실습파일]-[22차시]에서 '정답'과 '오답'을 추가 ➡ ❷ '정지' 신호를 받았을 때 정답일 때의 조건문에 ❸~❹ 추가 ➡ ❸ 크기를 10으로 정하기 ➡ ❹ '정답' 모양으로 바꾸기 ➡ ❺ 오답일 때의 조건문에 ❻~❼ 추가 ➡ ❻ 크기를 10으로 정하기 ➡ ❼ 오답 모양으로 바꾸기

힌트

```
정지 ▼ 신호를 받았을 때
크기를 40 (으)로 정하기
스피커(2)_1 모양으로 바꾸기
정답은? 을(를) 묻고 대답 기다리기
만일 대답 = 정답 값 (이)라면
    크기를 10 (으)로 정하기
    정답 모양으로 바꾸기
    맞았어!! 을(를) 1 초 동안 말하기 ▼
    점수 ▼ 에 10 만큼 더하기
    1 초 기다리기
    정답 ▼ 신호 보내기
아니면
    크기를 10 (으)로 정하기
    오답 모양으로 바꾸기
    틀렸어!! 을(를) 1 초 동안 말하기 ▼
```

02 '문제' 배경과 '정답' 배경을 자동으로 바꾸는 코드를 완성해 봅니다.

실습파일 : 구구단게임(배경코딩예제).ent　완성파일 : 구구단게임(배경코딩완성).ent

❶ '별 헤는 밤' 오브젝트 선택 후 [모양] 탭-[모양 추가하기]-[배경]에서 '숫자나라_1'과 '도서관_1'을 추가 ➡ ❷ '시작' 신호를 받았을 때 ➡ ❸ '숫자나라_1' 모양으로 바꾸기 ➡ ❹ '정지' 신호를 받았을 때 ➡ ❺ '도서관_1' 모양으로 바꾸기

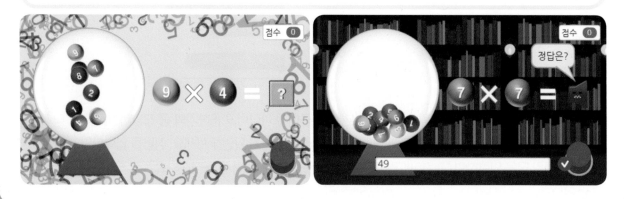

148　내 맘대로 그리고 움직이는 코딩캠프

23 식물 성장 과정 만들기

해원이는 방학 동안 식물관찰일지를 쓰고 나서 새싹이 자라는 과정을 예쁘게 만들어보고 싶었어요. 여러분이 파워포인트 도형을 이용하여 새싹의 성장 과정을 함께 만들어 주세요.

학습목표
- 도형을 결합하여 다양한 식물의 성장 과정을 만들 수 있습니다.
- 도형을 복제하고 채우기 색을 설정할 수 있습니다.
- 패턴 채우기 기능을 사용할 수 있습니다.

실습파일 : 식물만들기(예제).pptx   완성파일 : 식물만들기(완성).pptx, 새싹.png, 줄기.png, 꽃나무.png

이렇게 만들어요

✓ 사용할 도구

기능	방법	설명
도형 그룹 설정	[홈] 탭-[그리기] 그룹-[정렬]-[그룹]((Ctrl)+(G)) /[마우스 오른쪽 버튼]-[그룹화]-[그룹]	2개 이상 선택한 도형을 그룹으로 지정할 수 있습니다.
패턴 채우기	[마우스 오른쪽 버튼]-[도형 옵션]-[채우기 및 선]-[채우기]-[패턴 채우기]	도형의 배경을 지정한 패턴으로 채울 수 있습니다.

1 새싹 만들기

① 파워포인트 2016을 실행하고 [파일] 탭-[열기]를 클릭한 후 [실습파일]-[23차시] 폴더에서 '식물만들기(예제).pptx' 파일을 불러옵니다.

② '새싹'을 그리기 위해 [홈] 탭-[그리기] 그룹-[도형]-[사각형]-[모서리가 둥근 직사각형]을 클릭한 후 세로로 드래그합니다. '모양 조절점'을 드래그하여 모서리를 둥글게 만듭니다.

③ '새싹'의 색을 표현하기 위해 [홈] 탭-[그리기] 그룹-[도형 채우기]-[다른 채우기 색]을 선택하고 [색] 대화상자에서 '밝은 녹색'을 선택한 후 [확인] 버튼을 클릭합니다. 이어서 [도형 윤곽선]에서 '윤곽선 없음'을 설정합니다.

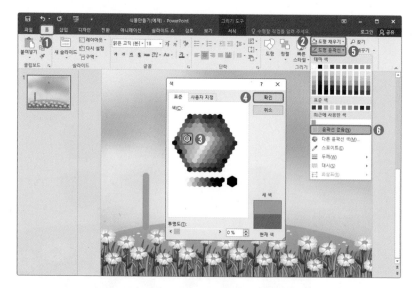

④ 잎을 그리기 위해 [홈] 탭-[그리기] 그룹-[도형]-[기본 도형]-[눈물 방울]을 선택한 후 드래그하여 그려줍니다. 회전 조절점을 이용하여 잎의 방향을 돌려 그림과 같이 배치합니다.

⑤ 잎에 줄기와 같은 색을 적용하기 위해 줄기를 선택하고 [홈] 탭-[클립보드] 그룹의 '서식 복사'를 클릭한 후 잎을 클릭하여 서식을 적용합니다.

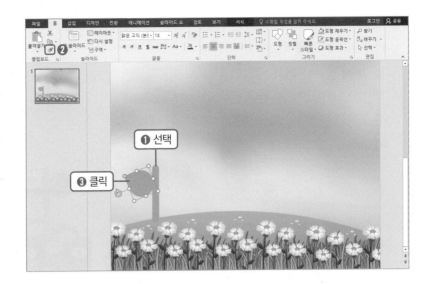

⑥ 줄기의 오른쪽에도 잎을 만들기 위해 Ctrl+Shift+드래그하여 도형을 복제한 후 [그리기 도구]-[서식] 탭-[정렬] 그룹-[회전]-[좌우 대칭]을 적용한 후 이동합니다.

② 줄기 만들기

① '줄기'를 만들기 위해 '새싹'을 선택한 후 Ctrl+Shift+드래그하여 복사한 후 이어서 세로 방향으로 Ctrl+Shift+드래그하여 '새싹'을 2단으로 만듭니다.

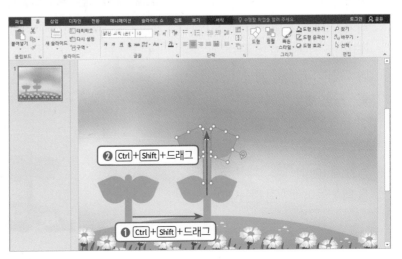

❷ '줄기'의 색을 바꾸기 위해 [홈]
탭-[그리기] 그룹-[도형 채우기]에
서 '녹색'을 지정하고 줄기의 잎을
자연스럽게 표현하기 위해 왼쪽 아
래 도형과 오른쪽 위쪽 도형을 선택
해 아래쪽으로 드래그합니다.

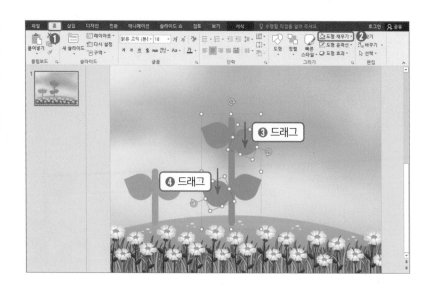

③ 꽃나무 만들기

❶ '꽃나무'를 만들기 위해 '줄기'를 선
택한 후 Ctrl+Shift+드래그하여 복
사한 후 꽃을 삽입할 수 있도록 위쪽
줄기를 클릭한 후 세로로 길이를 더
늘여줍니다.

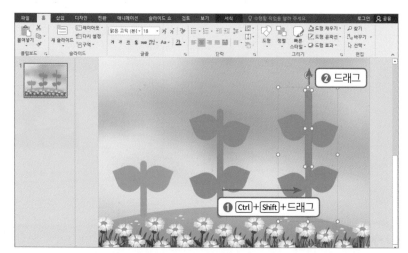

❷ 꽃잎을 만들기 위해서 [홈] 탭-[그
리기] 그룹-[도형]-[기본 도형]-
[타원]을 선택한 후 Shift+드래그하
여 그립니다. [홈] 탭-[그리기] 그
룹-[도형 채우기]에서 '주황'을, [도
형 윤곽선]에서 '윤곽선 없음'을 설
정합니다. 완성된 꽃잎을 줄기로 이
동한 후 Ctrl+드래그해서 꽃잎 4장
을 더 만들어 꽃처럼 만듭니다.

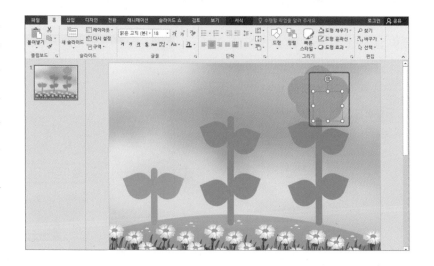

❸ 꽃잎 안쪽을 표현하기 위해 꽃잎을 Ctrl+드래그하여 복사한 후 [마우스 오른쪽 버튼]-[도형 서식]을 클릭합니다. [도형 서식] 창이 나타나면 [도형 옵션]-[채우기 및 선] 탭-[채우기]-[패턴 채우기]를 선택하고 '5%'를 클릭한 후 전경색은 '주황, 강조 6, 25% 더 어둡게'로, 배경색은 '흰색, 배경 1'을, [색]은 '선 없음'을 선택한 후 '닫기(✖)' 버튼을 클릭합니다.

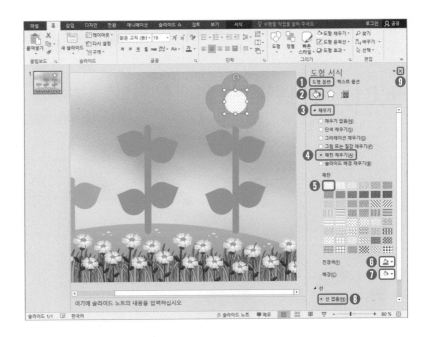

④ 식물 이미지로 저장하기

① '새싹', '줄기', '꽃나무' 도형을 각각 선택한 후 [마우스 오른쪽 버튼]-[그룹화]-[그룹]을 선택합니다. 이어서 [마우스 오른쪽 버튼]-[그림으로 저장]을 이용해 각각 '새싹.png', '줄기.png', '꽃나무.png'로 저장합니다.

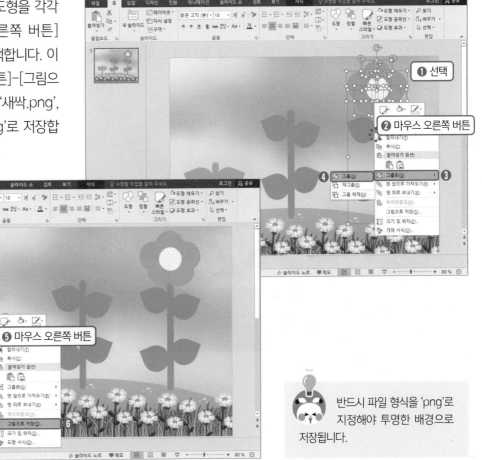

반드시 파일 형식을 'png'로 지정해야 투명한 배경으로 저장됩니다.

혼자서 미션 해결하기

01 조건대로 예쁜 꽃을 만들어 줄기에 연결해 보세요.

실습파일 : 꽃만들기(예제).pptx　　　완성파일 : 꽃만들기(완성).pptx

조건

- '타원'을 이용하여 큰 꽃잎 모양을 만듭니다.
- 채우기 색은 [도형 채우기]-[다른 채우기 색]-[사용자 지정]에서 RGB값으로 지정합니다(아래쪽 꽃잎 : 255, 83, 29/위쪽 꽃잎 : 204, 51, 0).
- [Ctrl]을 이용하여 복사한 후 크기를 조절합니다.
- 작은 꽃잎의 채우기 색은 [도형 채우기]-[다른 채우기 색]-[사용자 지정]에서 RGB값으로 지정합니다(아래쪽 꽃잎 : 192, 0, 192/위쪽 꽃잎 : 112, 48, 160).
- 완성된 꽃은 그룹을 설정하여 줄기 위로 드래그합니다.

02 조건대로 2번 슬라이드에 꽃을 복제하고 회전하여 화단을 완성해 보세요.

조건

- 첫 번째 슬라이드에서 큰 꽃과 작은 꽃을 한꺼번에 선택하여 그룹을 설정합니다.
- [Ctrl]+[C]를 눌러 복사한 후 2번 슬라이드를 클릭하고 [Ctrl]+[V]를 눌러 꽃을 복사합니다.
- [서식] 탭-[정렬] 그룹-[회전]-[좌우 대칭]을 이용하여 좌우를 바꿔줍니다.

무럭무럭 식물 키우기

24

해원이는 예쁘게 그린 식물을 직접 키워보고 싶었어요. 식물이 크려면 햇볕도 쬐어야 하고 물도 줘야 해요. 여러분이 여러 가지 조건에 따라 식물이 자랄 수 있도록 코딩해 보세요.

학습목표

- 키보드 방향키를 이용하여 오브젝트를 이동할 수 있습니다.
- 오브젝트를 계속 따라다닐 수 있습니다.
- 무작위 수를 사용하여 낮과 밤을 바꿀 수 있습니다.

실습파일 : 식물키우기(예제).ent   완성파일 : 식물키우기(완성).ent

이렇게 코딩해요

키보드를 이용해 캐릭터를 이동하고 물조리개가 오브젝트를 따라다니도록 만들어 보세요. 또 밤과 낮이 임의의 시간이 지나면 바뀌도록 코드를 완성해 보세요.

✅ 사용할 주요 블록

블록 꾸러미	명령 블록	설 명
시작	q ▼ 키를 눌렀을 때	선택한 키를 누르면 연결된 블록들이 실행됩니다.
움직임	화분 ▼ 위치로 이동하기	해당 오브젝트가 선택한 오브젝트나 마우스 포인터 위치로 이동합니다.
계산	0 부터 10 사이의 무작위 수	입력한 수 사이의 임의의 수 중 한 가지 값입니다.

1 여자아이 오브젝트 이동하기

1 엔트리를 실행하고 [파일]–[오프라인 작품 불러오기]를 선택한 후 [열기] 대화상자가 나타나면 [실습파일]–[24차시] 폴더에서 '식물키우기(예제).ent'를 선택한 다음 [열기] 버튼을 클릭합니다.

2 키보드를 이용해 이동할 수 있도록 만들기 위해 '여자아이' 오브젝트를 선택하고 시작의 q▼ 키를 눌렀을 때 를 추가하고 'q'를 '왼쪽 화살표'로 변경한 후 움직임의 x 좌표를 10 만큼 바꾸기 를 연결하고 값을 '–10'으로 바꿔줍니다.

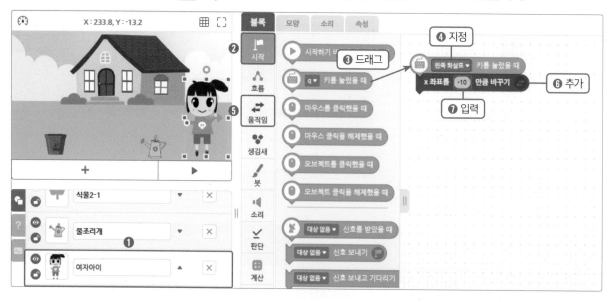

3 '왼쪽 화살표 키를 눌렀을 때' 블록 위에서 [마우스 오른쪽 버튼]–[코드 복사 & 붙여넣기]를 선택해 코드를 복사한 후 '왼쪽 화살표'를 '오른쪽 화살표'로, '–10'을 '10'으로 바꿔줍니다.

 코드가 많아져 복잡할 경우 [블록 조립소] 위에서 [마우스 오른쪽 버튼]–[코드 정리하기]를 이용해 한번씩 코드를 정리합니다.

② 물조리개 오브젝트 따라다니기

① 프로그램이 실행되면 '물조리개' 오브젝트가 '여자아이' 오브젝트를 계속 따라다니도록 하기 위해 '물조리개' 오브젝트를 선택한 후 [시작]의 ▶ 시작하기 버튼을 클릭했을 때 를 [블록 조립소]로 드래그합니다.

② [흐름]의 계속 반복하기 를 드래그하여 연결한 후 [움직임]의 화분 ▼ 위치로 이동하기 를 반복 블록 안에 연결하고 '여자아이'로 변경합니다.

중심점 조절하기

'여자아이' 오브젝트가 '물조리개'를 잡은 것처럼 표현하려면 각각 오브젝트의 '중심점'의 위치를 조절해줘야 합니다. 예제 파일에서는 미리 중심점을 조절해 두었습니다.

① 낮과 밤이 바뀌는 배경을 만들기 위해 '집' 오브젝트를 선택하고 [시작]의 [▶ 시작하기 버튼을 클릭했을 때]를 추가한 후 [흐름]의 [계속 반복하기]을 연결합니다.

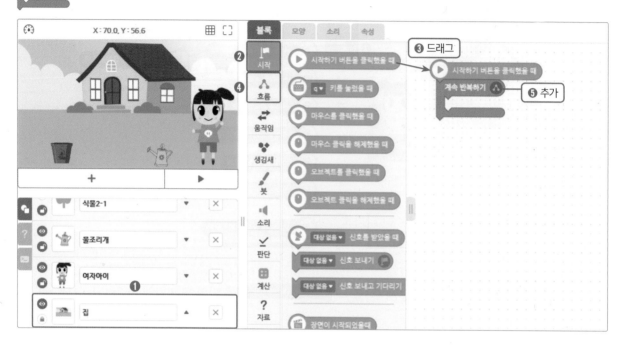

② 낮과 밤이 바뀌는 시간 간격을 주기 위해 [흐름]의 [2 초 기다리기]를 반복 블록 안에 연결합니다.

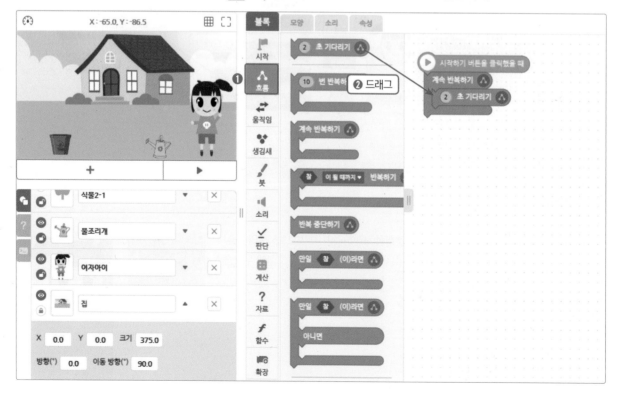

③ 임의의 시간 후에 바뀌도록 만들기 위해 [계산]의 ⟨ 0 부터 10 사이의 무작위 수 ⟩를 초에 끼워 넣은 후 '0'을 '5'로 변경합니다.

💡 • 무작위 수는 지정된 수 사이에서 무작위로 숫자가 추출됩니다.
   • 정수로 지정할 경우 정수 단위로 숫자가 추출되며, 소수점 자리수를 지정할 경우 소수점 단위까지 숫자가 추출됩니다.

④ 임의의 시간이 지나고 밤과 낮 배경을 바꾸기 위해 [생김새]의 ⟨ 다음▼ 모양으로 바꾸기 ⟩를 연결합니다.

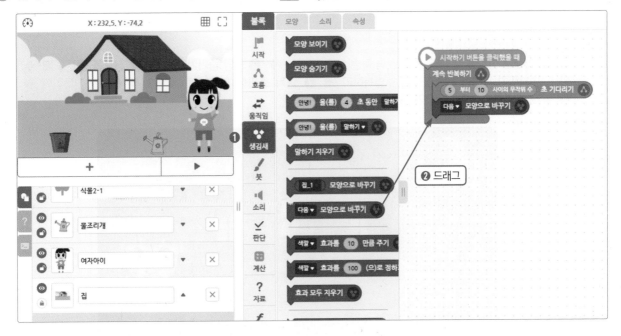

⑤ [시작하기]를 클릭해 물조리개가 여자아이 손으로 이동하고 화살표 키를 눌러 이동한 후 스페이스 키를 누르면 물을 주는지 확인해 보세요. 물을 주면 꽃이 자라고 인사말을 건네요.

01 '해' 오브젝트를 '낮'과 '밤' 신호에 따라 변하도록 코딩해 보세요.

실습파일 : 식물키우기(낮예제).ent   완성파일 : 식물키우기(낮완성).ent

❶ '낮' 신호를 받았을 때 ➜ ❷ 모양 보이기 ➜ ❸ ❹번을 계속 반복하기 ➜ ❹ 방향을 '1도' 만큼 회전하기 ➜
❺ '밤' 신호를 받았을 때 ➜ ❻ '자신의 다른' 코드 멈추고 ➜ ❼ 모양 숨기기

02 '달님' 오브젝트를 '낮'과 '밤' 신호에 따라 변하도록 코딩해 보세요.

실습파일 : 식물키우기(밤예제).ent   완성파일 : 식물키우기(밤완성).ent

❶ '낮' 신호를 받았을 때 ➜ ❷ '자신의 다른' 코드 멈추고 ➜ ❸ 모양 숨기기 ➜ ❹ '밤' 신호를 받았을 때 ➜
❺ 모양 보이기 ➜ ❻ ❼~❿을 계속 반복하기 ➜ ❼ '밝기' 효과를 '100'으로 정하기 ➜ ❽ 1초 기다리기 ➜
❾ '밝기' 효과를 '10'으로 정하기 ➜ ❿ 1초 기다리기